SUR LE CHEMIN DES RÊVES

FLO DELAVEGA

SUR LE CHEMIN DES RÊVES

Jouvence

Également aux Éditions Jouvence

Les Quatre Accords toltèques, don Miguel Ruiz
L'Oracle des quatre accords toltèques, don Miguel Ruiz
La Maîtrise de l'amour, don Miguel Ruiz
Au-delà de la peur, don Miguel Ruiz, propos recueillis par Mary Carroll Nelson
Extraordinaires émotions, Élodie Crépel
Les 12 lois du karma, Sandy Hinzelin & Anaka
Vibrations : se reconnecter à ses pouvoirs invisibles, Clélia Félix

Éditions Jouvence
France : BP 90107 – 74161 Saint-Julien-en-Genevois Cedex
Suisse : Route de Florissant, 97 – 1206 Genève
Site internet : www.editions-jouvence.com
E-mail : info@editions-jouvence.com

Catalogue gratuit sur simple demande

ISBN : 978-2-88953-677-1

Toutes les illustrations sont de l'auteur.
Couverture : Éditions Jouvence
Relecture et correction : Ségolène Estrangin (atelier-editorial.fr)
Maquette et mise en pages intérieure : Anaïs Pascal

SOMMAIRE

AVANT-PROPOS

Je vous écris de ce lieu où naissent les rêves, depuis cet instant magique juste avant que le jour se lève. Comme par nécessité, je vous écris en plein virage dans mon itinéraire de vie. Je vous écris comme pour faire le point, pour comprendre, transmettre et témoigner. Je vous écris comme quand je crée des chansons, avec le cœur et peu d'outils, avec l'intention, celle des grands jours où tout sourit. Derrière le voile et l'illusion du temps, je vous écris ici et maintenant. De la forêt, là où j'ai trouvé refuge en 2016, lorsque j'ai quitté la scène, là où le calme a pris place pour laisser émerger ce qui était au fond caché. Je vous écris là où tout a recommencé, là où tout meurt et tout renaît sans jamais s'arrêter, comme une boucle infinie de la mort à la vie, pour la vie.

Je vous écris pour partager mon expérience avec vous, sans doute parce que j'ai besoin de cette prise de hauteur, parce que j'ai la conviction que plus le monde s'ouvrira à sa spiritualité, plus il sera juste, mais aussi et surtout parce que vous faites partie de mon chemin. Vous avez contribué à le rendre « extra-ordinaire ». Une part de mon éveil vous revient.

Merci à vous.

La vie est comme un passage énigmatique sur Terre, où chaque être est perdu dans un espace infiniment grand et petit. La vie est comme un prétexte, une opportunité de se découvrir, de comprendre le sens du tout et du rien, de se retrouver là et de répondre à la folie du monde, à son absurdité, d'y trouver sa place, de chercher à exister, de répondre à des nécessités, celles du corps et du cœur, et celle de l'imaginaire.

Marcher, avancer, découvrir, se perdre, puis se souvenir, sentir au plus profond qu'il est bien quelque chose, quelqu'un, quelqu'une qui se meut et qui dans le plus grand des silences nous accompagne tout au long de cette expérience, cette aventure éphémère. Parce que nous sommes guidés, veillés, accompagnés, qu'on le remarque ou non. Lorsque j'ai rencontré mon guide, mon « maître des Rêves » comme j'aime à l'appeler, j'ai su qu'il me faudrait un jour parler de lui, de son existence, de ses messages, de la voie qu'il a ouverte sous mes yeux, à moi qui n'aurais encore jamais imaginé cela il y a quelques années. Puisse-t-il vous inspirer et vous réconforter vous aussi, ou puisse-t-il vous encourager à chercher votre propre écho. C'est pour cela, surtout, que je vous écris.

FLO DELAVEGA

INTRODUCTION

Je vis depuis quelques années une sorte de renaissance, une redécouverte de qui je suis et qui je ne suis pas. Un processus spirituel et introspectif qui m'a amené à vivre des expériences très paradoxales, contradictoires et pourtant d'une grande cohérence.

J'ai entrepris cette quête pour tenter de répondre à la question « Qui suis-je ? ». Pour trouver ma place dans ce monde avec la plus grande fidélité envers ce qui vibre en moi et rester authentiquement libre. Pour récolter des bouts d'énigme, écouter les signes, voir au-delà du monde connu et chercher encore et encore les pièces manquantes du puzzle. Pour suivre un itinéraire et pas à pas reconstruire le rêve de cette vie, retrouver l'alignement et enfin devenir qui je devais être.

« Enfant des parcs, gamin des plages », j'ai toujours vécu proche de la nature. Arpenter les forêts immenses et les plages interminables, l'horizon loin devant : le silence et ces dunes de sable comptent parmi les fondations de mon existence. C'était la liberté, le mouvement et le privilège de dire : « C'est chez moi. »

J'ai toujours été attaché à des endroits, à des moments particuliers de communion où l'existence prenait tout son sens… Souvent seul, loin du monde, dans ma bulle, face à moi-même, libre de laisser être ce qui est.

J'AI LONGTEMPS ÉTÉ SCEPTIQUE

Et je n'ai longtemps cru en rien, certain qu'il n'est rien de plus vrai que la réalité tangible. J'ai longtemps été sceptique face à l'invisible et j'ai toujours nié le magique. Pourtant, quand je prends du recul sur mon jeune parcours de vie, je remarque que mon itinéraire a toujours suivi des chemins non prémédités : des coups d'éclat, des changements de direction, des envies soudaines dictées par des appels venus d'ailleurs.

Depuis toujours, et sans en être conscient, j'ai pris des directions inattendues et ai répondu aux appels de la vie, j'avançais là où les portes s'ouvraient et je disais oui. Tous les grands choix que j'ai pu faire, tous les virages que j'ai pu épouser ont été liés à cette petite voix.

Ces appels silencieux, je les ai toujours suivis inconsciemment. Comme la fois où j'ai brusquement décidé de mettre fin à ma vie de sportif pour commencer la guitare, à 20 ans.

Seul, une six-cordes, Internet et l'envie profonde d'apprendre et avancer sur ce chemin, de répondre à cet appel. Ce cri du cœur m'a amené, sans l'avoir imaginé et sans m'en rendre compte, à suivre une route qui aujourd'hui peut-être croise la vôtre, et à créer un lien particulier.

Cette passion naissante allait faire jaillir trois ans plus tard le groupe Fréro Delavega, avec Jérémy Frérot. En 2012, à peine cinq ans après avoir suivi cette aspiration, cette escapade se transforma en une aventure immense, que vous avez peut-être connue de près ou de loin : notre premier contrat avec Universal Music, puis, en 2014, « The Voice », l'explosion, deux albums, le succès, la folie.

Rien de tout cela n'avait jamais auparavant effleuré mon esprit, rien de tout cela n'avait été ne serait-ce qu'envisagé. Ou peut-être que si, peut-être était-ce écrit là, quelque part entre les lignes d'un ailleurs qui nous échappe.

Des appels du destin comme celui-là, on en vit tous, ils sont notre GPS intérieur, notre guide, mais souvent on ne les considère pas. On ne les entend pas, on ne les voit pas. Pourtant, derrière, se cache le début d'une histoire extraordinaire. Une histoire qui nous unit tous. L'histoire de nos rêves, de notre existence et de cette quête qui nous rapproche des mystères sacrés de la vie.

C'est comme si cette vie nous mettait au monde en ayant tout oublié et que le jeu consistait à se rappeler, à se souvenir d'où l'on vient, à entendre cette voix, à écouter et à suivre l'appel qui nous ramène à nous-mêmes.

Alors il y aurait un chemin propre à chacun, perdu entre les griffes du temps, délesté du poids de ce monde qui nous entoure et nous voit naître. Puis il y aurait une quête, celle qui amène à trouver sa voie, à trouver sa mission, à grandir, à se faire peur pour affronter sa plus belle vérité, à se libérer de ce qui ne nous appartient pas et à sauter dans le vide, à aller vers l'inconnu pour se retrouver… Et sentir que l'on fait partie du grand Tout, prendre place dans cette grande danse qui nous lie tous.

S'ÉVEILLER À SOI-MÊME

Se réveiller, s'éveiller à soi-même et, comme une respiration, une dynamique d'ouverture et de fermeture, de compréhension et de perte totale de repères, poursuivre la route en acceptant ses cycles, ses couleurs, ses paradoxes, sa magie, son mystère, et s'ouvrir à cette expérience qui nous délivre son plus beau cadeau… L'existence. Être là, conscient, ne plus perdre le contact avec cette vérité immuable.

Voilà ce qui m'amène à vous écrire aujourd'hui, car depuis ce grand choix qui m'a poussé à quitter la lumière, la ville et le succès en mettant fin à l'aventure Fréro Delavega, énormément de choses se sont passées. Je me suis longuement questionné, j'ai pris de nouveaux chemins, j'ai découvert le silence, la solitude, la contemplation, le bonheur simple, et vécu des moments magiques qui m'ont rapproché un peu plus de qui j'étais. J'ai appris à observer, à contempler, à vivre dans la nature et à découvrir un peu plus ma place sur Terre. Je me suis construit une nouvelle identité et un nouveau monde entouré par cet univers spirituel.

Mais j'ai aussi vécu la partie sombre, le vide, le doute, le brouillard, la perte de sens, la dépression, **je me suis perdu en chemin de nombreuses fois, j'ai plié face à la peur, je suis resté de longues heures tétanisé face à moi-même.** Comme une danse à laquelle on s'abandonne, une dynamique cruelle, on tombe pour se relever, on se perd pour se retrouver. Et là encore, l'appel. Quelque part en moi. Comme un murmure de l'âme, je recevais de plus en plus de signes, de visions, de messages. Une vraie relation intérieure s'est créée avec ma conscience silencieuse.

À chaque pas, à chaque étape, je me retrouvais face à cette réalité subtile qui grandissait, comme une lumière qui veillait sur moi et me guidait. Je percevais mon univers dans une perspective différente, avec un regard plus aiguisé sur la mécanique de mon esprit, je devenais de plus en plus précis dans l'observation de ma réalité subtile et me situais de mieux en mieux dans ce monde. Tout s'est intensifié avec l'expérience de la nature et de la solitude.

J'ai fait de plus en plus confiance à cette voix qui m'amenait dans des voyages imaginaires, libres. Loin de toute emprise mentale et connecté à un ailleurs qui aujourd'hui encore m'échappe. C'est une sorte de connexion mystique : celle qui m'a toujours accompagné quand j'écrivais mes chansons et la même présence encore là en moi alors que je vous écris « ces quelques lignes ». **C'est une sensation, un appel, une force invisible qui me guident depuis tout ce temps pour vivre ce que je suis venu expérimenter : la lumière et l'ombre, l'existence dans toute sa dualité.**

J'ai alors vécu des séries de flashs hors du temps, des visions, des rêves éveillés desquels je ressortais transformé, rempli d'énergie créative… avec de nouvelles idées, de nouvelles compréhensions, de nouveaux rêves chaque fois plus grands. Je découvrais un peu plus mes limites, mes peurs et les défis qui m'attendaient.

Une grande légèreté m'accompagnait dans ces instants de rêverie, l'inspiration était totale et prenait la forme de poèmes, de chansons. Parfois des images, des dessins, et parfois rien. Juste l'instant présent, une paix soudaine qui prenait place et l'énergie, le sentiment d'exister, d'être tout simplement.

Tout un univers intime qui, sur le chemin, s'est révélé être de plus en plus important pour ma compréhension de mon espace intérieur, mais aussi dans mon rapport aux autres. Mon entourage proche, les nouvelles rencontres, les personnes de passage, tous mettaient en relief cette réalité naissante.

Au fond de moi, je commençais à créer une cartographie de mon chemin et des grandes étapes de mon évolution. Je voyais à quel point ce trajet se reflétait sur le parcours des autres, celui de ma compagne et de mes amis. Je gagnais de plus en plus de discernement et de compréhension, et **je remarquais souvent à quel point il est difficile pour chacun de nous de réellement savoir qui nous sommes, quels sont nos rêves, comment les réaliser.** Nous sommes nombreux à être perdus, submergés, happés par la force et la rigidité de ce monde et du système dans lequel nous vivons. Il assombrit notre quotidien et nous empêche de comprendre quelle est notre place, et comment se repérer dans cette folie qu'est notre existence.

Alors, souvent, nous fermons les yeux, nous baissons les bras et notre plus grande souffrance semble venir de notre incapacité à être réellement qui nous sommes.

PARTICIPER AU MOUVEMENT D'ÉVEIL COLLECTIF

Alors qu'un nouveau monde se lève, en silence, chaque rêveuse et chaque rêveur prend part et s'engage dans cette reconquête de sa vie, de son pouvoir créateur.

C'est en prenant conscience de tout cela qu'est née l'envie profonde de traduire, de synthétiser toutes ces expériences introspectives vécues ces dernières années. Afin de continuer le partage et de créer du lien, d'activer ce mouvement d'éveil à partir de mon regard, d'être un repère parmi tant d'autres et de participer à cette ascension collective qui nous concerne tous et qui mène chacun d'entre nous dans les profondeurs de l'existence.

Ce fut comme une révélation, moi qui avais fui les projecteurs, pensant que ce monde n'était pas le mien. Moi qui m'étais réfugié dans l'ombre, voulant œuvrer dans l'anonymat tel un colibri après avoir tant pris la lumière... Je voyais renaître en moi l'envie, la nécessité, même, de prendre place sur scène, dans la lumière.

La légende du colibri

À cette époque, je suis plongé dans les lectures poétiques et philosophiques de Pierre Rabhi. Il y parle de sobriété heureuse, de décroissance et nous conte la légende du colibri. Cette célèbre histoire relate un terrible incendie. Face au désastre, tous les animaux sont comme pétrifiés. Tous, sauf un, trop occupé à placer de l'eau dans son bec pour aller la verser sur les flammes. Son action peut sembler insignifiante : comment un petit oiseau pourrait-il éteindre un incendie avec son seul bec ? Oui, mais il « fait sa part ». Et si tous le font également, peut-être l'incendie prendra-t-il fin.

Après la sortie, en 2020, de mon premier album solo *Rêveur Forêveur*, je savais que ma mission serait d'aller au bout de moi-même, de faire face à mes peurs et de vous raconter cette histoire, de témoigner et transmettre ce qui me fait vibrer. Par nécessité profonde, mais aussi poussé par l'appel, la tension qui met en mouvement et pousse à agir, à faire, à s'aligner avec soi-même, à être...

Aujourd'hui, je vous retrouve avec ce livre et vous invite *Sur le chemin des Rêves* dans un voyage initiatique entre le réel et l'irréel. Je vous invite à découvrir cet univers qui m'accompagne depuis quelques années et vous propose d'en suivre le chemin, qui, je l'espère, vous guidera à trouver ou retrouver le vôtre, vous poussera à découvrir qui vous êtes et à incarner votre rêve authentique sur cette Terre.

MERCI LA VIE !

BIENVENUE DANS LE MONDE DES RÊVES

Le mot « rêve » apparaîtra de nombreuses fois dans les pages qui suivent et pourra prendre au fil des lignes un sens différent, nuancé.

Dans notre langue, c'est un mot qui porte de nombreuses significations. Le rêve renvoie au désir de réaliser quelque chose, de concrétiser une envie. On rêve de devenir, d'avoir, de faire… en référence au futur. On parle aussi de rêve pour les images qui apparaissent dans notre esprit au moment du sommeil, ou pour celui qui se laisse absorber par des pensées profondes, qui l'emmènent loin dans l'imaginaire. Il est possible qu'il existe encore d'autres façons d'employer ce mot.

Comme beaucoup d'autres auteurs ont pu le faire auparavant (Eckhart Tolle, don Miguel Ruiz, Sadhguru…), le mot « rêve » sera également utilisé ici pour décrire l'illusion dans laquelle nous vivons et de laquelle nous sortons lorsque nous vivons notre éveil spirituel. Nous sommes tous des rêveurs et la réalité telle que nous la voyons n'est qu'une perception, un rêve, une projection façonnée, modifiée par notre mental. Le monde des Rêves serait ainsi le monde des illusions dans lequel la réalité que l'on croit être vraie n'est en fait qu'une version limitée, réduite de ce qui pourrait être.

Sur le chemin des Rêves décrit ce processus d'éveil et les différentes formes de rêves qu'il est possible d'expérimenter. Le rêve inconscient est celui du rêveur somnambule, où la réalité est réduite aux états inconscients, aux schémas répétitifs, à la passivité. Et il y a le rêve authentique, celui du rêveur funambule qui en pleine conscience se libère des limites de son mental, devient un réel acteur de son rêve et accède à de nouvelles perceptions de sa réalité.

On parlera aussi des rêves à accomplir pour faire référence à cette envie de se libérer et d'incarner sa réalité profonde. Réaliser ses rêves sera alors le moteur de transformation pour passer d'un état à l'autre, sortir du labyrinthe du mental, se découvrir et devenir ce que nous sommes au plus profond de nous : un rêveur funambule.

LA VISION

J'ai fait un rêve. Ce genre de rêve qui se vit éveillé, dans l'imaginaire, loin des limites de notre monde connu. Comme une vision entre le réel et l'irréel, proche de cet état hypnotique dans lequel bien souvent je m'abandonne, le temps d'une chanson, le temps d'une course folle, me laissant envoûter par les quelques notes d'une mélopée. Je me laisse aspirer par ce chant joli, ce canal d'inspiration qui en un instant s'empare de ma vie et m'offre un peu de sa magie. Quelques mots, quelques mélodies littéralement tombés du ciel, entre l'éphémère et l'éternel, face au champ de tous les possibles, c'est là dans cette atmosphère méditative que m'est apparue la vision de ce rêve.

En 2017, l'aventure des Fréro Delavega touche à sa fin et, comme par nécessité de répondre encore à l'appel du cœur, le même qui m'avait amené à vivre cette aventure, j'entreprends mon virage, mon saut dans le vide, prêt à découvrir un nouveau monde, la tête remplie de rêves. C'est à cette époque qu'apparaissent les premiers flashs, comme des fragments de vision, des images brèves, des idées, des poèmes, qui plus tard deviendront les chansons de *Rêveur Forêveur*.

J'AI FAIT UN RÊVE,
MAINTENANT JE M'EN SOUVIENS
UN RÊVE LES YEUX OUVERTS
AUX PORTES DE DEMAIN

LE MONDE DES RÊVES
JE M'Y SUIS VU DE LOIN
TROUVER LA CLÉ DU MYSTÈRE
MAINTENANT JE ME SOUVIENS.

À cet instant, j'entame mon retour à la terre dans l'ombre et je ne souhaite plus revenir dans la lumière, mais je sens tout un univers se construire en moi petit à petit, et l'idée d'écrire ce livre germe dans mon esprit.

Puis je me souviens avoir déjà eu la sensation d'être téléporté dans une autre réalité. Comme s'il était une présence qui m'invitait hors des griffes du temps à visiter un monde parallèle où tout est possible ; il suffisait de fermer les yeux et d'écouter pour recevoir les messages et voir apparaître l'inimaginable. C'est ainsi que le voyage *Sur le chemin des Rêves* a commencé. Entre le jour et la nuit, dans un autre espace-temps, là où les secondes se confondent et laissent place à l'infini.

L'AVATAR, LE GUIDE

J'ai mis beaucoup de temps à recoller les morceaux de cette vision éparpillée dans mon esprit. Ce fut un long processus de compréhension, d'assimilation de ce que je vivais et pouvais sentir ou voir en moi.

Au départ, il y a eu l'apparition de cet « avatar », comme je le nommais. Une sorte de version mystique de moi-même, un alter ego dans ce monde imaginaire et symbolique. Je m'amusais à le dessiner et peu à peu je me rendais compte qu'il était une réelle présence, qu'il m'accompagnait et interagissait dans mon dialogue intérieur. Comme un guide, un messager qui venait dans les moments clés me délivrer des messages. Il apparaissait dans mon esprit à chaque interrogation pour mettre en lumière ma réalité profonde.

Cet avatar a pris forme comme pour me permettre de créer une réelle relation, un échange profond avec cette partie silencieuse que l'on porte tous en nous et qui regorge de sagesse, de justesse : la voix de l'âme. Cette voix qui nous appelle et cherche à nous guider, à répondre à nos interrogations. Elle se place souvent dans les petits espaces de notre mental, entre deux pensées, sous forme d'intuition, de signes, elle nous invite à l'écouter. **C'est dans cet espace silencieux qu'existe cet avatar, ce messager.**

Nous avons chacun une relation différente avec notre espace intérieur et il nous appartient, à nous-mêmes, d'en définir les contours. Peut-être avez-vous déjà trouvé votre alter ego et échangez-vous chaque jour avec votre guide intérieur, votre âme, peut-être l'avez-vous nommé, dessiné ?

Peut-être découvrez-vous à peine votre monde intérieur, et peut-être n'avez-vous encore rien découvert. Ce qui vous a amené ici vous appartient, et tout est parfait. Pour la suite du chemin, j'aimerais vous emmener.

OUBLIEZ TOUT CE QUE VOUS SAVEZ

À l'instant où je vous écris, cinq années nous séparent de mes premières visions dans cet univers imaginaire. J'ai pris le temps de contempler chaque recoin, chaque contrée. J'ai pris le temps de visiter chaque souvenir de cette promesse de liberté, j'ai pris le temps de découvrir chaque parcelle et chaque secret pour, aujourd'hui enfin, les décrire et les partager avec vous. **J'aimerais vous inviter dans ce voyage que j'ai fait, pour retracer ensemble ce chemin et vous parler de cette rencontre, et de ce message qu'on m'a laissé.**

Mais avant de partir ensemble sur ce chemin, je vous invite à oublier un instant tout ce que vous pensez, tout ce que vous savez. Je vous invite à entrer dans cet endroit que vous seul connaissez, à fermer les yeux, à respirer profondément et à écouter.

PREMIER VOYAGE

Mon premier voyage dans le monde des rêves a commencé à la suite d'un état émotionnel intense. Nous connaissons tous ces moments si particuliers où la folie s'empare de nous, telle une entité prenant le contrôle de notre être pour nous faire vivre le pire, nous faire voir les choses en noir, nous rendre tristes et nous faire penser et dire des choses que nous n'imaginerions pas. Nous connaissons tous cet état, mais nous le vivons chacun différemment. Certains explosent de chagrin, fondent en larmes, d'autres se figent, ne disent rien, se rendent malades. Cette réalité face à la colère, aux émotions fortes, est propre à chaque personne. Bien souvent elle nous sépare des autres, elle crée des fossés, elle nous empêche de communiquer et de créer des ponts avec les autres. Mais il est une chose qui nous unit dans ces instants : cette vulnérabilité nous révèle une chose merveilleuse qui est à la portée de chacun d'entre nous... L'opportunité de voir que, parfois, nous vivons des choses qui ne nous appartiennent pas ou qui sont le fruit de mécanismes, de réactions liés à nos mémoires, à nos blessures...

Dans ce premier voyage, dans cet état de déséquilibre, j'ai découvert ce qui se passe à l'intérieur. Voici ce que j'y ai vu.

En pleine crise, au moment le plus intense, une partie de moi s'est extraite, et je me suis vu de loin, au milieu d'une sorte de tourbillon de pensées qui m'hypnotisait littéralement. Autour de moi, des murs et un labyrinthe.

Je perçois vaguement des formes, certaines images apparaissent comme des flashs. Rien n'est très précis, tout est abstrait, étrange, incompréhensible et pourtant bien familier. Je connais les sensations, j'arrive à sentir l'essence, l'énergie de ce qui se déploie là sous mes yeux. L'atmosphère est dense, et dans ce décor froid et rigide mon corps vibre, je suis envahi de picotements désagréables : un état d'alerte intense qui me plonge dans un profond mal-être.

Les yeux fermés, là, sous mes paupières, le décor défile et paraît irréel. Je suis plongé dans un état second, je sens une grande pression physique, je suis incapable de réagir, de bouger et de reprendre le contrôle.

Les murs de ce monde se referment peu à peu sur moi. Je suis submergé, irradié par une profonde panique. Le mouvement autour s'accélère, mais j'arrive à percevoir des interstices sur les parois de ce labyrinthe : des fentes d'où jaillit une lumière blanche.

Je cherche à me concentrer et, malgré le mouvement très rapide, j'arrive à poser mon attention sur ces ouvertures quand, soudain, le mouvement s'arrête.

L'apogée

Un autre espace-temps semble s'ouvrir, une longue pause s'ensuit, et je comprends que mon attention portée sur ces espaces entre les murs a fait stopper le mouvement.

J'arrive peu à peu à me calmer et à réguler ma respiration. Tout à coup, les portes du labyrinthe s'ouvrent et s'alignent parallèlement pour créer devant moi un chemin lumineux aux couleurs d'un immense arc-en-ciel.

La source de cette lumière paraît briller au loin, au sommet d'une pyramide, et vu d'ici rien n'est vraiment réel. Les distances se confondent dans mon esprit. Une double sensation me percute : je sens cette lumière s'illuminer au loin et, au même moment, au plus profond de moi.

Je n'ai plus aucun repère, mais je me sens étrangement calme, serein, en paix. Une sensation que je connais déjà sans avoir su la décrire.

Sur les murs, des symboles apparaissent, et j'en perçois le sens avec une certaine subtilité.

Devant moi, à quelques dizaines de mètres, l'arc-en-ciel se rapproche et je distingue un halo de lumière d'une puissance et d'une douceur extraordinaires. Une silhouette s'en dégage. Cette présence s'avance et je sens peu à peu une vibration envahir tout mon corps.

Cette même double sensation vient de nouveau frapper mon esprit. Ce que je distingue devant moi semble se mouvoir au plus profond de mon être et s'accroître au point que je suis plongé dans une béatitude sans nom.

La silhouette est là devant moi, je discerne à peine un visage et un corps. Mon attention est plutôt captivée par la beauté qui émane de sa présence. Une beauté nouvelle, d'un autre monde, hors du temps, hors des codes, et je me rends compte qu'elle ne provient pas de ce que je vois mais bien de ce que je ressens. Une beauté de l'instant, inconditionnelle, celle qui nous rapproche de ce qu'il y a de plus grand. Je suis totalement irradié par cette vibration colorée qui m'enveloppe et me transporte dans un autre espace-temps.

L'état de crise émotionnelle dans lequel j'étais au début de ce voyage m'a amené à cet instant où tout s'aligne. Je comprends que cette présence était là derrière les murs de la colère, de l'émotion. Et cette lumière, cette silhouette, je la reconnais, je m'en souviens.

La roue tourne

Je tente alors de m'en approcher, je voudrais m'y plonger et fusionner avec elle, en savoir plus, mais j'en perds le fil, elle m'échappe, comme repoussée par mon énergie. Je me remets à penser à cet état de crise dans lequel j'étais, et peu à peu de nouvelles images apparaissent, venant alimenter de nouveau cette sensation désagréable. L'émotion remonte en moi et les portes se referment. Mon état intérieur se dégrade et je me retrouve face à la peur de l'inconnu. Je suis encore une fois enfermé dans cette machine infernale. Mes pensées se mettent à tourner en rond comme dans ces rêves obsessionnels, je suis plongé dans un flot de pensées qui se répètent sans fin. Je revois la scène qui a causé cette crise, mon corps entier se rigidifie et je perds totalement le contrôle.

Ce qui me semblait familier et réconfortant il y a un instant vient de nouveau m'agresser et appuyer sur ce qui fait mal en moi. Comme si ce monde activait au plus profond de mon être mes réflexes archaïques, mes peurs les plus grandes, mes secrets les plus enfouis et les mettre en lumière. J'ai peur ! Je sens le mouvement autour de moi s'intensifier et m'entraîner dans une course folle. Je suis comme pris au piège dans les rouages d'une locomotive lancée à toute vitesse vers sa destruction. Je suis assommé, pris dans les mailles d'un monde parallèle... Je tente de lutter, de résister à ce courant qui m'entraîne de plus en plus dans les profondeurs obscures de mon existence... Quand me frappe un éclair blanc qui attire mon attention et me ramène dans l'instant présent.

Je reprends mes esprits et je commence à comprendre. Toute cette folie et ce monde qui tourne autour, ces murs, ces symboles et cette présence cherchent à me transmettre un message. Il y a quelque chose d'important à comprendre, ce monde paraît fonctionner de manière mécanique et être directement lié à ce que je regarde, là où je pose mon attention. Soudain, je comprends.

Pour stopper le mouvement, je dois retrouver cet état de paix, me fondre dans le moment présent, poser mon attention sur ce qui est et ne plus y résister, m'extraire de l'émotion, en être l'observateur. Je sens toujours les picotements dans mon corps.

Instinctivement, je me mets à respirer profondément et à balayer l'ensemble de mon corps de toute mon attention, comme le ferait un scanner. Je sens chaque partie se réactiver comme si elle était régénérée d'un peu de lumière, de conscience.

Le maître des Rêves

Peu à peu, je reprends le contact avec ma réalité profonde. Plus je respire et plus je sens le calme revenir. J'arrive enfin à m'extraire de cette folie et à reprendre le contrôle, le mouvement s'arrête de nouveau et une lumière m'illumine.

Je me retrouve face à face avec la silhouette, qui, désormais, prend une apparence plus humaine. J'ai l'impression de me voir en elle, comme une partie de moi en miroir, comme une projection de ce que je pourrais être. Je la sens de nouveau au plus profond de mon corps et cette vibration s'empare de tout mon esprit.

J'essaie de lui parler, mais je me rends compte qu'il m'est impossible d'émettre le moindre son. Ma vision se trouble, je perds le contact et entre dans une transe qui déclenche une nouvelle vision. Dans le silence le plus profond, j'entends une voix résonner en moi. Impossible d'en comprendre les mots, les sons, mais je suis plongé dans un tel état de *flow* que ma conscience en capte les messages lumineux et je comprends tout à coup.

Je suis dans le monde des Rêves, une sorte d'hologramme de ma réalité dans la matière. Comme dans *Matrix*. Cette présence est le maître des Rêves, le messager, mon guide dans ce périple. Tout ce que je perçois ici n'est que le reflet exact de qui je suis intérieurement, comme si j'accédais aux loges de ma vie, là où tout se façonne, tout se construit.

Je me sens aspiré par un mouvement délicat qui me dépose au centre de cette vibration.

LE MAÎTRE
DES RÊVES

Je suis en totale connexion avec le maître des Rêves. Ses mouvements sont les miens. Ses mots, ses pensées prennent vie en moi. Je m'abandonne à la magie de cet instant et plonge dans les profondeurs du monde des Rêves.

Il faut comprendre que ce voyage est métaphorique, bien sûr, mais il m'a guéri et contribue encore à m'accompagner dans mon cheminement. Vous pouvez vivre un voyage similaire en pensées, en méditation, au sein de vos rêves, la nuit, en peignant, en écrivant, en composant des chansons, en vous reliant à la nature...

Le message du maître des Rêves

Ouvre les portes de ta conscience et laisse-toi guider. À chaque étape, je serai là pour t'accompagner. Comme un phare, comme un repère, je te dirai où aller pour retrouver le chemin de tes rêves et découvrir qui tu es.

Ferme les yeux et vois, le monde des Rêves est là au fond de toi. Ouvre les portes et fais le pas, avance et tu verras. Il est un lieu, un cri de joie, un arc-en-ciel, ton rêve à toi.

Le monde des Rêves est un monde magique. C'est une mécanique en mouvement, une roue libre, un tourbillon. Il est le symbole, le reflet de ton existence, de ta réalité profonde, de ce qui sommeille en toi. Il est une invitation et l'opportunité de t'éveiller à tout ce que tu ne vois pas.

Le monde des Rêves est une histoire
un doux présage à qui veut bien
lever le voile pour entrevoir
sous le mirage son propre chemin.

Le monde des Rêves est un miroir
une métaphore, un dessin.
À l'intérieur tu peux t'y voir.
Sous le décor, regarde bien!

Tu viens d'intégrer la première vision du monde des Rêves. Celui des rêveurs somnambules. Ici la réalité que tu vis est une grande illusion. Ici les rêveurs rêvent sans le savoir. Ferme les yeux, respire profondément, écoute.

L'illusion

Il est une illusion qui se dessine
à chaque instant, à chaque pensée
ferme les yeux et imagine
que tout cela n'était pas vrai.

Que tout cela n'était qu'un rêve
une partition qui se jouait
une impulsion ou bien que sais-je
une histoire qui se racontait.

Tu vis dans ce monde depuis trop longtemps, tu as répété sans cesse les mêmes patterns, *les mêmes pensées, les mêmes maux, les mêmes réflexes, les mêmes réactions face aux mêmes situations, face aux mêmes peurs... Tu as construit ton univers sur une illusion qui t'empêchait de voir la magie de la vie.*

Regarde autour de toi, tous ces murs, tous ces symboles sont le reflet de ce que tu ne vois pas en toi. Ils sont ta mémoire, ton passé, ils sont le miroir de ce que tu crois être ton identité, de ce que tu te racontes chaque jour, de ce que tu penses être vrai.

Tous ces symboles sont le dessin de ta structure mentale, de ta façon de penser, de ta façon d'interagir avec les autres, les codes que tu utilises inconsciemment pour appartenir à tel ou tel groupe social. Tout ce que tu vis n'est qu'un programme, et dans le monde des Rêves il y a quelque chose de magique. Tous les rêveurs vivent dans un état somnambule, d'inconscience, mais tous ont le pouvoir de s'éveiller et de reprendre leur rêve en main.

Ce monde est défini par tes perceptions et tes concepts, ainsi que ta mémoire individuelle et collective et tout ce qui capte ton attention. *Mais les possibilités de voir ce monde sont infinies et les façons de voir la vie aussi.* ***Sache que tu as le pouvoir de tout changer et de rêver en grand.***

Es-tu prêt à cela ? Es-tu prêt à abandonner ce qui te limite pour avancer vers l'inconnu et découvrir ce qui y habite ? Es-tu prêt à te transformer, à changer de peau, à sortir de ta zone de confort, à changer de ciel, d'horizon ?

Les mots du maître des Rêves me faisaient réagir profondément, je sentais qu'ils étaient durs, mais je sentais qu'il y avait une grande vérité derrière. Je voyais défiler dans ma tête toutes les impasses dans lesquelles je me trouvais, je voyais mes peurs. Je prenais conscience que pour réaliser mes plus grands rêves il me fallait comprendre ce monde, ces mécanismes, et entreprendre un grand travail de déconstruction et de libération.

Le chemin

Pour retrouver LE chemin de tes plus grands rêves et incarner qui tu es au plus profond, il te faudra sortir de cette bulle hermétique, de tous ces schémas inconscients qui s'activent et qui prennent le contrôle de ta vie. Tu devras déchiffrer chaque symbole que tu vois ici sur ces murs, déconstruire toutes tes croyances, repousser toutes tes limites et affronter tes peurs, avancer dans le labyrinthe, face à l'inconnu, et retrouver ton chemin.

Tu es là pour reprendre le pouvoir sur ta pensée, sur ta vie et échapper à cette réalité de somnambule. Tu es là pour libérer ton potentiel créateur, changer de réalité et devenir ta meilleure version.

C'est ici que commence ton voyage sur le chemin des Rêves.

Tu as le pouvoir magique de transformer chaque perception que tu portes en toi, de façonner ce monde avec un regard conscient, libre, connecté au grand Tout et à ta singularité. Suis la lumière ! Ce voyage t'enseignera que tout n'est qu'un rêve, une illusion et que tu en es le rêveur, le créateur.

Alors tu verras que derrière chaque mur, derrière chaque croyance limitante se cache une autre version de toi, dans une autre dimension. Avance et cherche ce nouveau ciel, cette nouvelle réalité qui t'attend pour s'unifier à tout ton être.

Comme un souvenir de toi, là derrière les portes de demain il est un chemin qui te ramènera à ta vérité profonde, à ton authenticité, pour découvrir ce pour quoi tu existes, qui tu es et pour incarner ton rêve de vie.

Ferme les yeux, respire profondément, observe avec attention chaque partie de ton corps, une à une, lentement visite chaque recoin, chaque sensation. Écoute le silence s'installer entre chaque respiration. Pose ton attention sur ces instants suspendus entre chaque mouvement, abandonne-toi à ce va-et-vient, accueille ce qui est là en toi à cet instant.

Et si tu prends garde à ce mouvement
à cette structure, à cette mémoire
si tu observes calmement
en toute conscience tu pourras voir.

Tu pourras voir comme par magie,
derrière le voile en tout petit
une lueur d'espoir, une prophétie
tes retrouvailles avec la vie.
Tes retrouvailles avec ton être
ce qui a toujours été là en toi
derrière les masques du paraître
ton essence propre, ton rêve à toi.

Et tu verras que jusqu'ici
tu n'as vécu qu'une infime partie
de ton potentiel infini.
Déploie tes ailes et vis ta vie.

Repousse les limites de tes croyances
c'est toi qui en crées les remparts.
Dis-toi que la vie est une chance
et qu'il est un mieux là quelque part.

Libère-toi de ce poids immense
des pensées denses d'ici-bas
des inconscients qui mènent la danse
de tout ce qui ne t'appartient pas.

Oui! Si tu cherches au fond de toi
dans ta présence et ton attention
sans y penser, tu trouveras
là, dans ton corps, la solution.

J'entendais ces mots résonner en moi en écho et me transportai dans une transe d'une intensité incroyable. Une nouvelle perception s'éveillait en moi comme si j'avais téléchargé un nouveau programme, une nouvelle version qui mettait de la lumière sur ce qui venait de s'activer au début de cette vision. Une attention fine sur chaque chose, sur chaque mouvement de ma pensée, et la révélation symbolique et visuelle de ce qui se passe à l'intérieur. Le calme se stabilisait en moi, j'avais l'impression de voler, porté par le souffle d'une nouvelle ère.

L'INSTANT PRÉSENT

LE CADEAU

Cette première vision avait apparu au moment où ma compagne m'avait fait un précieux cadeau : le livre d'Eckhart Tolle, *Le Pouvoir du moment présent*. J'ai été bouleversé par cette lecture, que j'ai vécue comme une profonde renaissance, une découverte et une ouverture à ma spiritualité. C'était comme une révélation, je me souviens de cet instant où tout bascule, où on assiste au grand face-à-face. On se retrouve soudain l'observateur silencieux de sa propre pensée, de ce que l'on croyait être l'unique réalité. On s'extrait du mouvement pour venir déposer une attention toute nouvelle sur son existence. C'est le réveil, le souvenir lumineux et vibrant d'une présence invisible, mystérieuse qui enfin reprend sa place.

Ce qui m'avait frappé, c'était le timing. J'avais tenté de le lire auparavant, mais à ce moment-là rien ne résonnait en moi. Les mots venaient percuter les murs de mon mental, trop rigide, trop fermé. J'ai compris par la suite qu'il ne s'agissait pas uniquement du livre et des mots, mais bien du timing. Il fallait être prêt, ouvert, réceptif. Et un jour ce fut le cas. Cette lecture venait taper aux portes de ma conscience et me sortir d'un long sommeil avec ce message libérateur : je suis vivant !

En un instant, le livre terminé, je sortis d'un profond rêve inconscient, d'une illusion face à toutes ces années. Comme si je reprenais le pouvoir sur ma vie. Le cœur battant, le souffle entier. Sous mes yeux, l'horizon s'ouvrait et m'offrait l'infinité des possibilités. Cette expérience, je la vécus depuis le corps, depuis le cœur. C'était comme un flash, un coup de fouet qui ramène à la vie, un vent de fraîcheur qui venait déposer un nouveau regard sur ma vie, sur le monde et ma place dans ce monde.

UNE OPPORTUNITÉ

Il est très difficile de traduire par les mots ce que le silence dit en nous. C'est infiniment plus grand, plus mystérieux que le simple fait d'en parler. Puis c'est profondément intime et personnel. Et en même temps universel.

L'expérience de l'instant présent nous unit tous, elle est le symbole du retour à l'essence même de soi. Le retour à la source, au grand Tout. Elle nous éveille à cette force, à cette énergie qui anime chaque chose, chaque être vivant sur cette terre et ailleurs. Elle nous rassemble, elle nous connecte dans cette course folle qu'est la vie. Vivre l'instant présent a été le point de départ de la reconquête de mon authenticité, de mes rêves. Et j'en revivais le symbole dans ce voyage du monde des Rêves.

Après la découverte de cette réalité et après mes premiers états d'éveil, énormément de choses ont changé. J'ai continué de vivre des crises intérieures, happé par la mécanique inconsciente, sous l'emprise de l'émotion, de l'ego. Mais il s'est installé un espace en moi qui m'a permis de percevoir les moments de bascule quand la mécanique est prête à s'activer et ainsi à prendre place consciemment juste avant que tout chavire.

Cet espace est le point de départ d'une réelle relation avec soi dans lequel on peut se réfugier, pour aller y respirer, y mettre un peu de lumière et garder le pouvoir sur sa présence.

Peut-être que chaque instant où l'on déborde, chaque émotion qui nous transporte est une occasion, une mise en évidence de ce qui se passe à l'intérieur. Peut-être que ces moments ont des allures tragiques dans notre quotidien. Peut-être qu'ils nous malmènent. Mais peut-être aussi qu'ils sont un cadeau et une invitation à entrer en soi pour y découvrir cet espace si profond auquel nous pouvons tous nous connecter.

Moi qui suis habité par cette nécessité de créer, d'imaginer un nouveau monde, de rêver en grand la vie que je veux vivre, j'ai l'impression que la clé pour avancer vers ce nouveau jour, ce nouveau rêve passe nécessairement par la découverte de ce que je suis et ne suis pas, par la mise en lumière de tous les schémas inconscients, les mémoires ancestrales et ainsi pouvoir me repérer dans ce monde et viser juste.

Les schémas inconscients et les mémoires ancestrales

On parle aussi d'« égrégore » pour évoquer les schémas inconscients ou les mémoires collectives qui s'activent en nous. Il y a l'égrégore d'une famille, d'un groupe d'amis, d'une région, d'un genre. On le voit souvent dans les clans masculins où les mémoires patriarcales s'activent et prennent le pouvoir sur le groupe. J'ai pu en tant qu'homme l'observer et faire face à ces énergies inconscientes qui nous emportent pour nous faire penser et interagir de façon automatique. Cela prend souvent la forme de blagues, de sujets de discussion, de rapport à la masculinité, et bien souvent les égrégores s'autoalimentent. Plus un groupe vibre et baigne dans une énergie, plus l'inconscient est puissant.

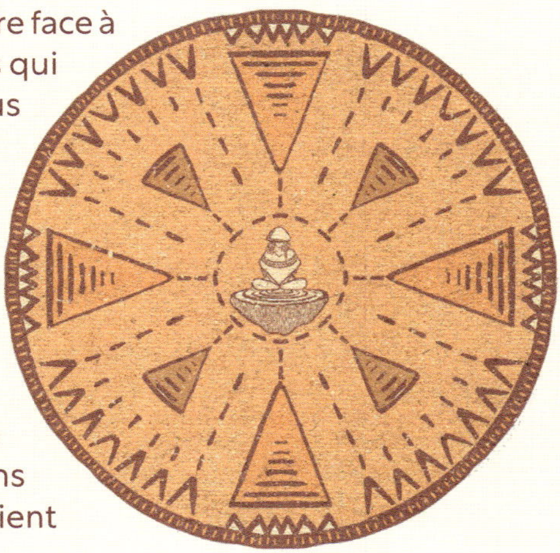

C'est le cas de notre société entière, qui est encore sous l'emprise du patriarcat (somnambule). Ces égrégores existent à tous les niveaux de conscience et peu importe le genre. Il y a l'égrégore spirituel, l'écologique, le féministe : tous possèdent leur niveau vibratoire et plus ils vibrent fort, plus ils sont susceptibles d'entraîner les masses. C'est ce qui est intéressant avec le mouvement collectif d'élévation spirituelle : cela donne des perspectives immenses. Et pour le rêveur en quête, il est intéressant de prendre conscience de ce qui s'active en lui pour s'en libérer et avancer vers sa propre vérité.

Je parle beaucoup de cette obsession du rêve, de l'idéal. Je crois que nous sommes nombreux à vouloir tout changer dans ce monde et à souhaiter réaliser nos rêves. Et je me doute que si vous êtes là, c'est parce que vous êtes sur ce chemin, au départ, au milieu, ou peut-être pas encore. Mais nous sommes liés et notre point commun, c'est cet appel qui nous pousse à aller vers quelque chose de mieux. Nous savons qu'il est de notre ressort de changer chaque chose en nous pour changer le monde autour de nous. « Sois le changement que tu veux voir dans le monde », disait, avec tant de pertinence, Gandhi.

Ainsi, je crois que chaque découverte intérieure, personnelle que nous faisons nous positionne dans une dynamique nouvelle face au monde, face à notre vie. Nos interactions, nos réalités se voient modifiées, et peu à peu permettent de répandre un peu plus d'authenticité dans nos rapports et nous permettent de créer ces ponts qui nous manquent tant quand nous sommes coupés du monde, isolés face à nos mécaniques, incapables de sortir de notre inconscience, de cet état de somnambule.

UNE EXPÉRIENCE À VIVRE

J'ai réellement senti que ma vie se mettait à changer quand j'ai accédé à l'instant présent et à cette compréhension du monde des Rêves. Cette vie est une illusion, tout n'est qu'un rêve, une perception. Mon regard commençait à s'aiguiser, mon attention devenait de plus en plus subtile, de plus en plus précise. Je gagnais peu à peu en pouvoir sur moi-même. Je jouais à être hors des pensées. Je ne sais pas si c'est un jeu très amusant, mais je ne peux que vous inviter à le faire tant cela a changé ma vie.

Au cœur de l'instant

Prenez chaque interaction, de la plus légère à la plus dense, comme une opportunité de vous connecter à cet observateur silencieux, de résister à l'appel inconscient qui nous fait rentrer dans des schémas automatiques. Faites face à l'autre avec ouverture, les pieds bien ancrés dans le sol, prenez le temps de vous positionner dans votre corps sans perdre le contact avec l'autre. L'attention est infinie et nous pouvons à chaque instant poser notre regard intérieur sur plusieurs endroits. Observez votre respiration et essayez d'écouter plus que de parler. Le rêveur somnambule a tendance à être impulsif et à prendre les devants de manière mécanique. Respirez profondément et amusez-vous à agir en dehors de vos habitudes. Laissez un espace, un silence résonner et agissez en conscience. Ce petit jeu pourra être au début un grand défi, notamment avec certaines personnes de votre entourage proche qui pourront vous trouver bizarre (ça sera le cas, vous serez différent !) et vous demanderont si tout va bien. Tout est normal, dès que nous sortons de nos habitudes, celles qui nous enferment depuis si longtemps, nous devenons différents et le regard des autres change. Mais là est notre objectif, changer intérieurement pour que notre monde extérieur change. Devenir plus authentique, plus vrai, plus soi pour donner l'opportunité aux autres d'être de même.

Sur le chemin des Rêves a commencé pour moi de cette façon : un éveil à la présence et à la profondeur de ce monde immense qui vit là, en moi. Votre chemin est certainement différent, mais je crois qu'il est un point commun qui nous unit ici même et nos chemins se croisent pour que nous nous accordions cette parenthèse.

L'instant présent est le socle du rêveur qui cherche à découvrir son rêve authentique, à installer du calme intérieur et à permettre ainsi à cette voix – celle qui nous appelle à la suivre, et à nous rendre où nous souhaitons aller – de reprendre sa juste place.

Pratiquer l'instant présent est la base de cette quête et un travail infini qui s'approfondit chaque jour. L'expression « Vivre l'instant présent » a été popularisée et son sens s'est banalisé. Car bien souvent on ne le vit pas, on le pense, on en parle comme d'une idée, comme de quelque chose d'extérieur à nous, on le perçoit au travers de notre mental, on n'y accède pas. L'« instant présent » reste une image, un idéal qu'il serait génial d'atteindre. Mais ce qui se vit dans l'instant présent est bien au-delà, hors de portée des mots, des explications.

Il suffit d'une expérience, d'une petite escapade hors des pensées pour comprendre intimement la magie qu'il est possible de créer en soi. Le pouvoir qui soudain prend vie en nous est alors immense.

Un autre petit rendez-vous que vous pouvez vous donner – que vous soyez débutant ou confirmé en matière de méditation – est de marcher consciemment. Nous marchons chaque jour, nous nous déplaçons, nous sommes en mouvement et tous ces instants sont de possibles rencontres avec soi-même. Mais c'est aussi justement là que bien souvent nous nous abandonnons au mouvement incessant de notre pensée mécanique. C'est là que s'active notre partie somnambule et que nous rêvons sans nous en rendre compte. Bien souvent, nous tournons en boucle ce même film, cette même histoire vue et revue qui nous limite, qui nous enferme.

Méditation en marche consciente

C'est un exercice de marche consciente pour côtoyer l'état de *flow* dans la lenteur, l'attention sur le corps.

Il s'agit de s'amuser à trouver un accès privilégié à votre conscience de funambule. Marchez dans un espace libre en prenant totalement place dans votre corps. Commencez par visiter chaque partie de vos bras, de vos pieds, qui touchent la terre.

Posez votre attention avec l'intention d'y laisser ce message : « Merci d'être là, merci de me permettre de me déplacer, de vivre cette expérience unique qu'est la vie. » Petit à petit, commencez à créer du mouvement avec l'ensemble de votre corps. Tentez de rester l'acteur principal et le spectateur de ce qui se passe là en vous, autour de vous. Cherchez ce relâchement supérieur qu'il y a en vous. Chaque action que vous faites est maîtrisée, voulue, mais vous improvisez. Vous êtes dans l'action et non dans la projection de l'action. Votre attention parcourt chaque sensation et navigue en vous et autour de vous. Vous êtes capable alors de sentir l'air qui caresse votre peau et au même moment les sensations sous vos pieds. Alors, comme une danse, vous pouvez voyager en vous et dans chaque partie du corps avec cette attention fine qui vient se déposer. Jouez à dédoubler votre attention – ce que je vois, ce que je ressens, ma respiration. Peut-être que c'est nouveau, mais peu à peu vous verrez que cette capacité s'offre à vous et qu'il s'en dégage une certaine maîtrise de cet instant. En déposant votre attention sur l'ensemble de vos sensations et de vos sens, vous la capturez et stoppez le mouvement de votre mental. Il se peut qu'il continue de tourner, mais avec moins de force, vous redevenez maître de votre existence. Cet état de *flow* est là en vous, à chaque instant.

Vous pouvez vous proposer régulièrement ce rendez-vous de conscience de votre corps et de ce qui vous entoure. Imaginez alors une vie entière où ce genre de retrouvailles avec vous-même devient une habitude, un rituel, un jeu dans lequel vous vous engagez chaque jour, chaque matin, avant chaque repas. Ces petits instants consolideront peu à peu votre fidélité à ce qui est là en vous. Vous vivrez de plus en plus cet état d'équilibre. Sentez comme le mouvement lent et votre attention vous amènent à être dans un équilibre dynamique sans effort. Une grande fragilité et une grande force se dégagent alors de vous-même, la maîtrise et le lâcher-prise total, c'est là au creux de cet instant que votre état de funambule réside. Visitez-le, répondez à son invitation et il vous délivrera ses plus grands secrets.

À l'époque où j'ai découvert cette pratique de marche consciente, je ne pouvais plus m'arrêter tant je me sentais en paix, centré. Comme si je reprenais le pouvoir sur mon existence. Chaque seconde était mienne et je la vivais pleinement. Mes perceptions changeaient, je voyais les gens différemment, j'avais l'impression qu'eux aussi me voyaient différemment. J'arrivais à voir ce que je ne voyais pas avant. La magie en chaque chose et derrière chaque ombre la lumière.

Bien sûr ces extractions hors du mental sont fugaces et le flux de pensées continue son travail, mais on parvient, avec la répétition, à installer une nouvelle habitude avec soi-même : un rendez-vous avec notre intériorité et avec cette partie silencieuse qui alors se révèle. Et cela est possible avec chaque activité répétitive quotidienne.

Cela nous permet de nous synchroniser avec une perception neutre du monde, et peu à peu notre réalité change et s'élargit pour enfin nous faire vivre des expériences profondes qui regorgent de magie : là où la vie semble nous parler, nous voyons les signes, nous entendons les appels qui nous guident sur ce chemin.

Chaque personne que je croise et qui a pu vivre ces synchronicités est devenue « addict » à cette facette de notre réalité. Car le chemin des Rêves est une quête passionnante qui nous mène à nos rêves mais qui dévoile bien plus que ce que l'on imagine.

TRAQUER LE MENTAL

Évidemment les choses bougent, le mouvement est constant et nous sommes nous-mêmes cycliques. Bien souvent nous perdons le fil et c'est là que nous perdons pied de nouveau, assaillis par notre mental, nos peurs. Notre mental nous retourne et il suffit d'un instant pour repartir dans la mécanique infernale de notre monde des Rêves, des illusions.

Notre « ego mental » est comme le porte-parole de ce monde des Rêves, et régulièrement il aime défendre son territoire et nous laisser en son centre, pour attirer notre attention sans cesse et se nourrir de cette énergie afin de subsister. Il nous pousse constamment à perdre cet instant présent... *À quoi bon vivre dans l'instant présent, si je ne sais même pas où je veux aller ? Je risque de perdre mon temps.*

Il est vrai que c'est très effrayant de ne pas savoir où aller et nous avons besoin de nous aligner sur un rêve, une vision, un chemin qui a du cœur. **Alors commence un jeu d'équilibre pour apprendre à apprivoiser ce mental et qu'il se mette à sa**

juste place en tant qu'outil formidable nous permettant de matérialiser les rêves dans la réalité.

Mais comment faire ? Quels sont ces rêves ? Beaucoup de gens que je croise ne savent pas quel est leur rêve, ou, quand ils le connaissent, ils ne savent pas comment y aller. Certaines et certains rêvent en grand, d'autres en petit. Parfois nous en avons peur, parfois nous rêvons le rêve des autres, l'égrégore de la société, de notre clan familial, de notre genre, de notre archétype, nous rêvons quelque chose qui n'est pas exactement ce que nous sommes ou presque ce que nous sommes. Une chose est certaine, nous avons tous une raison d'être, un rêve authentique, quelque chose de particulier, d'unique en nous à offrir au monde. Le découvrir est une grande étape de retour à soi.

Continuons le chemin ensemble, suivez-moi dans ce voyage de retour à la source.

L'ARBRE AUX RÊVES

L'image du messager réapparaissait souvent, dans mes pensées et mon esprit, comme un repère, un référent à qui je me confiais.

Un matin, je me laissai aspirer par l'écriture automatique avec l'intention profonde de continuer le voyage. Je m'étais levé très tôt pour profiter de la magie de l'aube.

Je commençai à méditer, j'invoquai cette présence et je projetai avec intention l'envie de recréer cette rencontre. Je respirais calmement et je laissais mon esprit vagabonder entre deux états. Le calme et la présence me firent ressentir de nouveau ce canal et cette douce vibration dans mes jambes, puis dans mes mains, puis dans tout mon corps. Mon état de conscience s'élargissait doucement, je fermai les yeux et je vis apparaître les portes du monde des Rêves. Elles s'ouvraient et laissaient entrer cette lumière si particulière, chargée d'une grandeur d'ailleurs. À cet instant, mon mental s'activa avec une vivacité incroyable et se mit au service de quelque chose de plus grand. Tel un décodeur, je sentais mon esprit mettre en ordre et traduire ce que je ressentais au niveau énergétique et vibratoire.

Et là, j'entendis résonner en moi :

Au-delà de ta pensée et en dehors du temps, il est une présence qui t'accompagne depuis ton premier instant. Cachée derrière les murs qu'érige ton mental, derrière toutes ces structures, là, derrière chaque voile. Il est une voix qui te murmure en silence tous ses secrets, elle parle de toi et d'un monde immense à retrouver.

Ces quelques mots me plongeaient dans une nouvelle vision, un voyage dans une nouvelle dimension du monde des Rêves. Les yeux fixés sur le papier, entre deux mondes, à peine conscient, mes mains guidées par cette voix, j'écrivis ces quelques lignes :

Dans ce voyage vers l'éternel
pars à la découverte de qui tu es
suis les couleurs de l'arc-en-ciel
écoute ton cœur le messager.

Le messager est comme un guide,
un éclaireur dans l'inconnu.
Il est le maître du monde des Rêves,
l'équilibriste, le funambule.

Il est ton futur potentiel.
Il est le silence, la voix de l'âme.
Il porte les couleurs immortelles.
Il est le feu, il est ta flamme.

Il t'amènera à cette île perdue
là où renaissent tous les rêveurs.
Il te guidera dans l'inconnu.
Il t'aidera à affronter tes peurs.

Il te ramènera jusqu'à la source
pour retrouver ta destinée
là où tous les rêves poussent
tu y trouveras ta vérité.

Alors sur l'arbre aux Rêves, tu pourras cueillir
les fruits de ta liberté.
Semer tes rêves et accueillir
ta singularité.

Puis, les yeux fermés, plongé de nouveau dans cet univers symbolique, je vis apparaître au loin une île et un arbre majestueux en son centre. La lumière y brillait comme dans les premiers instants de cette vision.

Sans savoir comment, j'étais projeté au sommet de cette pyramide face à cet arbre millénaire.

À la frontière des mondes, délesté de tout le poids d'en bas, je flottais dans une atmosphère profondément mystérieuse. Tout me semblait étrange, irréel et pourtant bien familier. J'observais avec attention et me laissais porter par ce *flow* apaisant.

Derrière moi le labyrinthe, les mondes d'en bas. J'en voyais tous les dessins, les symboles, les murs, les portes, les chemins, les structures complexes et mouvantes. C'était comme regarder la toile, le dessein, la matrice de ma vie.

Je tournai la tête, j'étais revenu sur cette île et mon regard se mit à vagabonder, dans tous les recoins, guidé tel un automate. Le lieu vibrait de magie et je voyais ce décor abstrait défiler sous mes yeux. Cette sensation de déjà-vu réapparaissait mais teintée d'un sentiment étrange de mélancolie mêlée de joie, comme quand on regarde de vieux souvenirs en photo.

Connecté à cette présence qui traduisait en direct les messages codés de ce lieu, j'avais la sensation de voler et de passer en revue l'ensemble de ce monde, mon monde, ma vie, mon passé, j'étais comme transporté par le maître des Rêves, connecté à lui. Chaque chose vibrait en moi avec une grande intensité. Soudain, une lumière me traversa et se mit à remonter en spirale le long de mon corps. Emporté dans une sorte de vortex, je me retrouvai dans une vision surnaturelle, plongé dans un bain de lumière au milieu de la Voie lactée. Un mouvement délicat s'empara de moi pour m'entraîner dans une danse cosmique extraordinaire qui me mit en état d'extase totale.

L'ARBRE AUX RÊVES

Captivé par cette expérience sensorielle hors du commun, soudain je fis face à l'arbre, qui m'enveloppa de tout de son champ énergétique. Et, de nouveau dans le plus grand des silences, j'entendis résonner en moi ces mots :

Te voilà sur ton île, à la source de tout,
dans ton centre à toi.
Dans les profondeurs de ton esprit,
libéré des mondes d'en bas
ici tu peux tout imaginer, tout recréer,
sans limites, loin du passé.
Regarde au cœur de l'arbre aux Rêves
et laisse-toi guider.

Ici se cache une partie de toi,
une parcelle que tu ne connais pas
une présence, une voix qui a toujours été là.
Elle t'a amené jusqu'ici entre ces lignes
et loin du temps.
Elle t'a guidé jusqu'à toi,
dans cet ici et maintenant.

Ici on vit le rêve de l'arc-en-ciel
une seule saison pour l'éternité.
Ici on vit le printemps éternel :
grandir, fleurir à tout jamais.
On vit la vie comme un prétexte
pour se souvenir de qui on est
pour retrouver cette promesse
du premier jour où on est né.

Cette île est le symbole de ce qu'il y a
de plus grand en toi.
Elle est ton refuge, ton sanctuaire
dans l'au-delà.
C'est un espace de connexion à l'infini
des possibilités.
Un lieu magique hors du temps,
où tu peux découvrir qui tu es.

Connecté à mon essence profonde, je ressentais cette même sensation qui m'accompagnait depuis toujours. Celle des appels, cette force qui m'avait toujours guidée. Cette présence silencieuse qui tant de fois m'avait mis en action, pour prendre de nouvelles directions, changer de cap et retrouver ma maison.

À cet instant, je compris que tout venait de cet endroit, ce lieu était la porte qui mène à la source, au grand Tout et j'y étais relié par une connexion singulière : l'instant présent !

Ces appels, cette voix cherchaient à me ramener ici, là où tout a commencé et là où rien ne finira jamais. Face à l'arbre aux Rêves, tout prenait sens. L'éclaireur, le guide, était comme un envoyé du grand mystère, **un messager de l'ombre qui se plaçait sur mon chemin pour me laisser les signes, l'itinéraire, les couleurs de l'arc-en-ciel, celles de mon rêve authentique. Ce pour quoi je suis venu au monde, ma mission de vie. Tout est là dans ce monde parallèle, connecté à ma réalité dans la matière. Et le lien le plus profond qui m'y ramène, c'est mon cœur.**

LA MISSION DE VIE

Incarner sa plus belle réalité

À cet instant, face à l'arbre aux Rêves, je suis transporté dans un souvenir de mon enfance, dans les vagues images introspectives que l'on peut retrouver en soi. Ces flashs hors du temps où on se souvient d'un sentiment particulier déjà vécu et visité tant de fois. Ces instants suspendus où rien n'est important, tout est là, on est vivant ! Tout est lié, tout est là en moi depuis le premier jour et peut-être bien avant, depuis toujours.

Je fais face à l'arbre aux Rêves et une porte s'entrouvre, accès à l'immensité, au grand Tout, au mystère, à l'infini, à l'éternel, au passé, au présent, au futur, confondus en un seul et même instant. Le champ de tous les possibles imaginables.

Cette vision vient alors percuter mon esprit et une nouvelle image se crée en moi. Une vision surréaliste.

Face à ce décor, je vois ma vie comme n'étant qu'une parcelle de l'expression du grand rêve de l'univers, du grand Tout, de ce mystère qui s'incarne au travers de chaque existence. Comme si chacun de nous portait un fragment, une pièce d'un grand puzzle à reconstituer.

Je vois alors soudain la vie comme un grand jeu dans lequel je suis né. J'ai oublié et je suis né une nouvelle fois ici et maintenant pour me souvenir et incarner ce que je suis venu être.

Cette vision me paraît aujourd'hui totalement irréelle, mais à cet instant elle portait un sens et une profondeur sans fin. Je prenais la mesure de ce que je voyais et de ce que je comprenais. J'étais délesté de tout le poids de la vie. Ici, je sentais un espoir et une énergie immenses renaître en moi. **Je ne pouvais pas savoir exactement ce pour quoi j'étais fait, mais je pouvais sentir une confiance infinie en la vie.** Je sentais que ce que je vivais ici n'était qu'un avant-goût, les prémices de quelque chose de plus grand.

Comme si ce voyage m'avait amené là pour me charger d'une énergie, pour voir et comprendre la profondeur que mon existence pouvait incarner. Comme s'il fallait revivre cette connexion divine pour la garder au fond de moi comme une lumière qui guiderait mes pas et m'aiderait à poursuivre le chemin des Rêves.

Je sentis mon corps se déplacer dans l'espace pour de nouveau faire face aux mondes d'en bas. Je voyais parfaitement chaque détail depuis mon point de vue. Comme si tout m'apparaissait avec clarté. Un sentiment de gravité s'anima en moi. Je sentis qu'il fallait reprendre la route et que la beauté de cet instant disparaîtrait.

Chaque parole résonnait en moi tel un écho et se déposait dans ma conscience à sa juste place. Les mots, leur signification n'étaient qu'une décodification instantanée de la vibration originelle qui m'enveloppait.

Je baignais dans un nuage de pureté, une présence divine m'accompagnait et, au même moment, une énergie de guerrier s'éveillait en moi. L'instant présent était mon arme et mon atout le plus précieux. **Mon cœur était mon GPS, l'itinéraire à suivre pour me guider dans l'accomplissement de qui je suis, pour faire face aux défis et à la peur.** Tous ces mots continuaient de vibrer en moi comme une prière, un mantra. Je savais que je serais accompagné par le maître des Rêves, je me sentais rempli d'une mission d'une grande importance : incarner ma plus belle réalité, traverser tous ces mondes, me défaire des pièges, de mes peurs pour retrouver les traces de l'arc-en-ciel et revenir ici, aux portes de l'infini, pour un jour m'envoler vers le nouveau monde, la nouvelle terre, celle des rêveurs de demain, des funambules. Cette vision me paraissait si belle, si puissante que j'en prenais toute la dimension. Je voyais mon esprit s'aligner avec la vibration de ce lieu, de cet instant magique. **Dans mon corps s'activaient une tension et une ouverture totale, tel un félin j'étais prêt à bondir et à vivre cette transformation.**

POSE
L'INTENTION

La renaissance

J'étais dans un *flow* profond quand de nouveau me vint un message :

C'est aujourd'hui que tu renais,
ton grand départ
vers cette nouvelle terre.
Au fond de toi maintenant tu sais
tout le chemin qu'il reste à faire.

Tous ces mondes qu'il te faudra parcourir
tous ces ponts qu'il te faudra construire
tous ces pièges qu'il te faudra fuir
pour qu'un jour ici tu puisses revenir.

Centré sur ce que tu as toujours été
en équilibre parfait,
tu reviendras, je le sais.
L'attention posée sur ton corps
l'intention portée par ton cœur.

Tu reviendras à cet instant
te transformer et changer de peau
en funambule défier le temps,
pour te rapprocher de tout là-haut.

À cet instant, je levai les yeux et, au-dessus de l'arbre, le maître des Rêves était là. Lumineux, resplendissant, en lévitation, porté par un halo de lumière blanche qui scintillait et laissait jaillir les couleurs de l'arc-en-ciel. Je ne l'avais jamais vu avec autant de nuances et sa présence était captivante, impressionnante, chargée d'une sagesse infinie, d'un calme hypnotisant. Il se dégageait de lui une grande humilité, celle des guerriers de la lumière, ceux qui n'ont plus rien à prouver tant ils ont parcouru de chemin sur Terre.

Je n'avais jamais rien vu d'aussi beau, d'aussi brillant. Il était là, tel un funambule au-dessus de tout, majestueux, ouvert aux portes de l'infini, face au champ de tous les possibles, relié au grand mystère. Cette vision intensifiait mon désir d'incarner mon rêve, je sentais qu'elle était la promesse d'une grande liberté qui m'attendait dans ce périple.

Je voulais me dépasser, repousser mes propres limites et réaliser mes rêves les plus fous.

Étrangement, j'étais incapable de savoir quels étaient ces rêves, tout restait abstrait dans ce voyage symbolique, comme si la réalité dans la matière n'était que secondaire, qu'un prétexte au service de quelque chose de plus grand.

Je sentais grandir en moi l'énergie sans fin du renouveau, la rage de vaincre, déterminé tel un guerrier de la lumière, je sentais que je m'engageais dans un combat avec moi-même : faire face aux pièges du monde des Rêves, me libérer de l'illusion, faire tomber les remparts qui me séparent de la source et reconstruire un monde sans limites, sans peur. Peu importent les mirages et peu importe la densité de la vie sur cette terre. J'étais prêt à relever tous les défis. Et à devenir un rêveur funambule !

L'ENFANT INTÉRIEUR

RENOUER AVEC SON ENFANT INTÉRIEUR

À l'époque où j'ai eu cette vision, je n'ai pas compris tout de suite ce qu'était un rêveur funambule. Je fus juste happé par la nécessité d'avancer et de retrouver les traces de ce chemin qui m'est propre.

Ce retour à la source, je l'ai vécu avec le retour à la terre, et tout s'est révélé par le fait de me connecter à cet enfant intérieur, à ce rêveur libre qui est là depuis toujours en moi. Le jardin, la forêt étaient des terrains de jeu parfaits pour me reconnecter à cette énergie et c'est de là qu'est né tout ce que je vis aujourd'hui. Tout cet univers de créativité, de rêves à incarner, cette recherche d'authenticité, c'est cet appel, cet enfant intérieur, qui m'y a amené.

C'est ça qui est magique : plus nous laissons de place à cette présence, la voix de l'âme, plus nous nous alignons sur nous-mêmes, plus nous revenons à la source, au centre de nous-mêmes.

Pour moi, ce fut dans la nature, mais c'est un chemin qui m'est propre. Pour d'autres, c'est par la danse, la peinture, le chant, le sport, l'activité qui met en mouvement le corps, qui met en route l'attention et stoppe le mouvement des pensées pour laisser place à la magie de l'instant, et nous amène à ce qui a toujours été là en nous pour nous guider sur un chemin qui a du cœur. C'est ce que nous enseigne ce retour aux sources, ce retour à soi.

Pourquoi et comment se connecter à son enfant intérieur

À l'âge adulte et quand on commence à vivre avec les responsabilités du monde des grands, on perd ce contact avec la spontanéité que l'on avait enfant. Il se crée alors une tension en nous entre ces appels et la résistance face aux priorités du monde matériel : la vie, le travail, le couple, les enfants, l'argent… Bien souvent, cette tension peut se traduire par de l'insatisfaction, de la frustration, de la déconnexion de soi… Se proposer un temps et un rendez-vous avec son enfant intérieur peut être très simple et un excellent exercice pour créer une relation intime avec soi-même. Parfois nous portons des petits rêves, des plaisirs de l'enfance que nous balayons de la main. Aller manger une glace, refaire le trajet qu'on aimait faire à vélo, écouter les musiques de notre adolescence, ou juste prendre le temps de ne rien faire et le faire en toute conscience. Se reconnecter à son enfant intérieur commence par des petites choses, juste y répondre et dire oui vous emmènera bien plus loin que vous ne l'imaginez.

J'aime beaucoup l'idée qu'il est un rêve que nous avons en nous depuis toujours, un chemin sur lequel les grandes lignes sont déjà écrites, là, quelque part dans la pureté de l'enfance, quand le monde des Rêves n'était pas encore totalement maître de notre perception, de l'histoire de notre vie. Alors, le jeu consisterait à retrouver ce rêve dans ce labyrinthe, derrière chaque couche que notre mémoire a gravée, derrière notre mental, et à déconstruire ce monde pour laisser jaillir cette lumière qui nous habite. Telle serait la quête du chemin des Rêves.

L'enfant intérieur nous connecte, nous invite à vivre des instants présents qui nous amènent à ce que nous étions, à ce que nous sommes et à ce que nous pourrions être, là, à la source de tout, face à cet arbre aux Rêves, à ce lieu secret que nous avons tous en nous.

Peut-être que c'est ça, être un rêveur funambule : récupérer le pouvoir sur cette réalité enfouie derrière les remparts de ce monde somnambule, se reconnecter à son cœur, à son enfant intérieur et vivre l'expérience du retour à soi.

« SOUVIENS-TOI »

Ce voyage vers le monde des Rêves était loin d'être terminé, il semblait à peine commencer. Chaque révélation venait réactualiser tout mon être. Mon corps vibrait différemment, mon mental s'activait, mais je me sentais devenir de plus en plus présent, acteur plus conscient de ce qui se passait en moi. Je reprenais le pouvoir.

Avant de partir et de reprendre ta route, me dit une voix, *approche-toi de cette lumière, ouvre ton cœur et fais un vœu. Ce que tu ressens ici t'appartient entièrement, cette énergie est ce qui te guidera de nouveau jusqu'ici. Ferme les yeux et viens t'y recueillir, prends le temps d'observer chaque détail, chaque sensation. Cette énergie en mouvement, cette vibration que tu sens est ton identité lumineuse. Elle est ce qu'il y a de plus précieux en toi. Ne la perds pas ! Mémorise-la, cultive-la, remercie-la à chaque instant où tu le pourras. Elle est l'expression du grand mystère au travers de ton existence, de ta raison d'être. Elle habite chaque rêve qui vibre en toi et est reliée à ton cœur, à ton âme d'enfant. Elle est ta raison d'être et s'exprime au travers de tes passions, de tes talents.*

SÈME TES RÊVES

Sème tes rêves hauts en couleur.
Fais-les pousser là dans ton cœur
comme un repère, une référence
imagine et dessine un monde immense.

Pose l'intention et sème-la
là sur cette île au fond de toi.
Reprends ta route et souviens-toi
que chaque chemin t'y ramènera.

Et n'oublie pas!

À chaque cycle, chaque nouvelle lune
tu reviendras là sur cette île
dans le brouillard ou dans la brume
retrouver la lumière qui en toi brille.

Rallumer le feu et retrouver ta flamme
laisser parler et vibrer ton âme
éclairer ton esprit dans le noir
pour qu'il scintille au grand soir.

Tu reviendras pour:

Illuminer les nuits d'hiver
illuminer les nuits d'automne
que se dessinent dans l'univers
tes plus beaux rêves et qu'ils résonnent.

Dans tous les mondes, dans toutes les sphères
et qu'au printemps ils te redonnent
et t'inondent de cette lumière
des nuits d'hiver, des nuits d'automne.

Dans chaque parole, à chaque instant,
mets de la présence et de l'attention.
Elle te reliera à la magie
Celle qui te ramènera jusqu'ici.

Si tu oublies et que tu te perds
que tu te sens tout seul sur Terre
crée du mouvement dans ta vie
voyage en grand dans ton esprit.

Oui, toi le rêveur, voyage en grand.
À l'intérieur, cherche l'enfant
cherche ce silence unique en toi
ce monde immense, ce cri de joie.

À chaque instant sors du sommeil
à l'intérieur cherche le soleil.
Cherche le ciel, voyage en grand
vers d'éternels rêves d'enfants.

Voyage en grand mais n'oublie pas
de revenir à cet instant.
Il est ton accès, ton passe-droit
ton refuge hors des griffes du temps.

Le monde des Rêves est une mécanique
où chaque piège se referme vite.
À chaque pas sur ton chemin
respire ! Souviens-toi d'où tu viens !

LE CHEMIN QUI A DU CŒUR

Le rapport à l'enfance est très différent en chacun de nous et nous portons tous les traces des débuts de notre construction. Pour certains, les souvenirs sont lourds, pour d'autres plus paisibles, peut-être que l'on n'a gardé que très peu d'images de cette époque. Mais nous avons un point commun aujourd'hui : nous avons tous été un enfant !

Quand je me vois enfant, que je me souviens non pas des paroles de mes pairs, des photos, des histoires que l'on m'a racontées, mais quand je parviens à me plonger en moi à certains instants, je me rends compte qu'il n'y a aucune différence avec qui je suis aujourd'hui. Est-ce que vous ressentez cette sensation, vous aussi ? J'ai évolué, j'ai construit une identité, mais il persiste la même essence. Et cette essence est peut-être cette authentique identité qu'il faut retrouver pour revenir à la source et reprendre un chemin qui a du cœur.

Il peut être très difficile de se replonger dans ces souvenirs tant notre monde des Rêves a façonné, modifié l'essence même de ces souvenirs. On nous a répété beaucoup de choses, que nous avons validées, nous avons cru à ces histoires qui se racontaient autour de nous, alors que la version la plus juste de l'histoire est en nous. Alors, tout déconstruire est une grande entreprise, un travail de chaque instant. Mais si par magie vous arrivez à retrouver en vous cette lueur, cette lumière, cette pureté qui vous caractérisent en dehors de tout regard extérieur, alors là est la clé de votre reconquête.

J'aime l'idée que l'on prenne rendez-vous avec son enfant intérieur et que l'on vienne se reconnecter à lui, que l'on vienne

panser les plaies et ce qui encore aujourd'hui fait mal, que l'on réussisse à voir que ce chemin était parfait malgré les épreuves et les souvenirs, que l'on réussisse à transmuter chaque souvenir pour en faire notre force, notre pouvoir. Car il existe un point commun à tous les grands rêveurs, ceux qui manifestent leur vie avec le plus d'éclat, d'authenticité : c'est ce rapport à l'enfant intérieur et à cette force de transmutation.

Souvent, nous avons tendance à voir le passé, l'enfance, les bons moments vécus avec mélancolie, avec tristesse, comme quelque chose qui n'est plus et ne sera plus. Je crois au fait que tout existe encore et toujours. Tout n'est qu'une illusion et vous avez le pouvoir de tout recréer, les sensations, les émotions, les images. Créez de nouveaux souvenirs dans l'instant présent, allez chercher cet enfant et prenez-le par la main, refaites le chemin ensemble et, à partir de là, continuez l'histoire là où elle s'est arrêtée. Refaites vivre ces moments qui donnent vie à ce qui est en vous. Il ne tient qu'à vous de les revivre, de les créer. Cela est le point de départ qui vous amènera peut-être à vous replonger dans des rêves d'enfant qu'aujourd'hui, adulte, vous souhaitez encore vivre.

L'image de l'arbre aux Rêves et du retour à la source est cet endroit secret où persiste encore toute cette énergie.

PLANTER SES RÊVES

J'aime l'idée de planter, semer ses rêves. De les faire pousser, d'y poser une intention forte, de créer un repère dans la matière pour pouvoir se plonger en soi à chaque instant, se recueillir avec soi-même pour continuer de croire en cette voie.

Dans mon retour à la nature, j'ai beaucoup aimé jouer avec cette symbolique, et planter mes rêves a été une source d'inspiration profonde. Un espace de créativité et de communication forte avec mon enfant intérieur. Peut-être que nous n'avons pas tous un terrain, un lieu pour planter un arbre. Mais nous avons tous cette capacité à l'imaginer et à s'y recueillir.

Prenons un temps et venons écrire ce qui encore aujourd'hui persiste en nous comme un rêve à réaliser. Visualisons ce rêve en détail, visualisons l'espace, les couleurs. Sentons l'émotion, accueillons-la. Disons merci à ce qui apparaît sous nos yeux.

Peut-être que de grands rêves vous habitent, peut-être que vous considérez qu'ils ne sont pas grand-chose. Je pense que chaque rêve est unique et il appartient à chacun de le réaliser. Ce qui est grand pour l'un ne l'est pas pour tous. Il n'est pas de petit rêve, insignifiant ou inutile. Aller en forêt et construire une cabane est toujours de votre âge et si c'est ça le rêve, faites-le. Allez-y à fond ! Construisez cette cabane avec ce que vous aimez aujourd'hui, chaque détail est une expression de votre créativité et de qui vous êtes. Cette créativité est une force sur laquelle vous pouvez vous appuyer et à laquelle vous devez faire confiance.

Il s'agit d'un rendez-vous avec vous-même et si dans votre tête la voix des autres vient résonner, comme un censeur, un juge... Dites-vous que c'est exactement ce qui devait se passer. Les peurs se réactivent, les limites de votre monde reprennent le pouvoir, les excuses arrivent... Mais rappelez-vous que les autres n'existent que dans votre esprit, ils ne sont que le reflet de vos propres croyances, de ce que vous êtes. Affrontez cette réalité et allez vivre ce qui est important en vous, vous en sortirez avec une énergie immense et vous irradierez votre monde de cette lumière. Vous donnerez l'impulsion, l'envie aux autres de faire de même. Allez ! C'est ici, c'est maintenant !

JE PLANTE MES RÊVES...

LA PLEINE PRÉSENCE

DÉJOUER LES SORTILÈGES DU MENTAL

Retournons, si vous le voulez bien, à ce voyage que j'ai fait et qui m'a amené à me connecter aux profondeurs de mon monde intérieur.

La vision se poursuivait ! J'étais de nouveau au centre du monde des Rêves. Là où tout a commencé ! Seul au milieu de ce monde imaginaire qui peu à peu reprenait toute sa densité.

Entouré par ce labyrinthe, ces murs et toutes ces portes qui mènent vers d'autres réalités.

J'apercevais encore le sommet de la pyramide et l'arbre au loin disparaissait dans un vague souvenir.

Je ne voyais plus le maître des Rêves, mais sa présence était toujours là en moi. J'en étais conscient. Depuis les premières apparitions dans ce monde, ma conscience avait clairement évolué et mon attention était devenue beaucoup plus alerte.

Cette vision sur l'île m'avait rempli d'une force incommensurable et j'en gardais un immense espoir, mais ce retour au centre du monde des Rêves, des illusions, me replongeait peu à peu dans une sorte d'amnésie, et je sentais de nouveau toute sa force reprendre le pouvoir sur moi.

J'arrivais encore à garder ce contact précieux avec mon double lumineux, mon allié dans cette quête. Le maître des Rêves m'avait amené ici, dans cette vision, et sa présence me rassurait, elle était comme un cocon protecteur, un retour à la maison.

Malgré moi, l'atmosphère du premier monde me rendait impatient, je voulais retrouver le chemin pour me libérer, mais quelle direction prendre et comment faire ?

Mon mental s'activait, je cherchais au fond de moi à retrouver le maître des Rêves, il était mon seul repère. Je sentais une différence incroyable dans mon état intérieur : tout semblait de nouveau devenir très dense, grave. Cette machine sombre se remettait en marche et le retour à mon état inconscient ne tarda pas à me plonger dans une grande inquiétude. Et si j'étais seul, et si je ne retrouvais jamais la trace du maître des Rêves… ? Et si… ?

On connaît tous ces moments où notre mental tourne en boucle. On pense sans cesse à un scénario et plus on y pense, plus on vient alimenter la machine. Et souvent les projections sont négatives, défaitistes, alarmistes. On cherche à tout savoir, à tout contrôler. Alors on s'enferme encore plus dans les rouages et on se sépare de notre essence, de notre cœur, de l'instant présent. On redevient un rêveur somnambule qui rêve sa vie au travers des souvenirs qu'il porte.

Je serai là en toi à chaque pas, comme je l'ai toujours été, me dit une voix.

Je suis l'expression de ton âme, de ton rêve authentique, je suis ton double lumineux. Je me placerai sur le chemin entre ces murs, juste là au fond de toi. Connecté à la source et à ton cœur, à ton enfant intérieur.

La seule chose que tu auras à faire sera d'accéder à cet état de présence, de pleine conscience et tu me retrouveras, je serai là caché quelque part derrière tes peurs, derrière tes croyances limitantes. Pour retrouver cet état de présence, sois réceptif, à l'écoute des sons, de ta respiration, de tes sensations, tu as déjà vécu cette connexion et ton être tout entier s'en souvient.

Rappelle-toi, ici ta réalité est celle d'un rêveur somnambule. Tout n'est qu'une illusion, une perception erronée de la vie. Chaque instant est l'opportunité de s'éveiller de ce rêve inconscient et de faire face à ce monde que tu as construit pour t'en défaire et découvrir ce qu'il y a de plus grand en toi…

Alors tu découvriras que la présence est ton refuge, ta maison pour toujours et ta clé pour ouvrir les portes du monde des Rêves. Elle est un acte magique d'ouverture à ce grand mystère qui t'habite. Elle est l'émanation de ta lumière intérieure, de ton arc-en-ciel, celui qui te ramènera à la source. Chaque fois que tu accèdes à l'instant présent, tu permets à cette lumière d'irradier ton monde des Rêves et de se relier à la source. Elle met de la lumière sur chaque partie d'ombre qui vit en toi. Elle révèle ce qui sommeille et lui donne vie. Elle est une vibration haute en couleur qui balise le chemin et laisse des repères lumineux dans chaque recoin du monde des Rêves. À toi de les reconnaître, d'être à l'écoute. Les signes, les messages sont partout. Sois attentif.

Regarde autour de toi, ces murs, ces voiles te séparent de ton centre lumineux, de la source et de ton rêve authentique. La seule façon pour toi de t'en défaire est de les voir comme des illusions, de mettre de la lumière dessus, de t'aligner sur ta présence et d'intégrer la totalité. Une partie de toi est capable de sortir de l'illusion pour en voir une réalité totale. C'est un réel travail, un exercice quotidien. Avec la répétition, l'observation silencieuse, ils perdront cette force qui t'enferme chaque jour dans cette grande illusion. Traque chaque pensée qui se déplace et s'active.

Sois ton propre mouvement. Reprends le pouvoir sur ton attention et place-la dans ce qui est bon pour toi. Cherche cette connexion dans tout ce qui est enfoui en toi. Et si tu y mets du cœur, que tu honores ton talent et ta passion, si tu mets ton attention au service de ce que tu es à l'instant présent, alors tu créeras ta propre magie. Ferme les yeux, regarde au fond, connecte-toi à l'appel du rêveur libre, à ton enfant intérieur, celui qui te pousse à jouer avec ton imaginaire, celui qui te pousse à l'action, à t'aligner sur ce que tu es. La présence et le cœur sont les chefs d'orchestre, les guides de ce voyage.

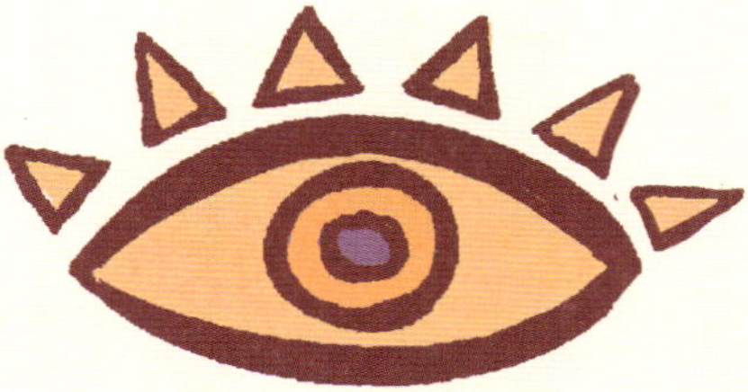

L'APPEL DU CŒUR

S'aligner sur cette réalité intérieure créera un réel tremblement de cœur, un acte magique hors du commun. Les murs tomberont et de ces ruines se construiront les ponts et les passerelles qui te mèneront à ton ascension, à cet archipel où les rêveurs du nouveau monde résident.

Écoute :

LA GÉOMÉTRIE DU CŒUR

Dans ce voyage existentiel
il est un chemin balisé.
Suis les couleurs de l'arc-en-ciel
écoute ton cœur le messager.

Écoute ton cœur te parler.
Il te murmure doucement
il te dessine le trajet
il te guidera à chaque instant.

Car la géométrie du cœur
est une science exacte.
Elle te fera dépasser ta peur.
Elle te poussera à l'acte.

À chaque tremblement de cœur
elle révélera toute sa magie
elle laissera sur le chemin une lueur
l'itinéraire de ta vie.

Donc garde tes rêves dans un lieu sûr
construis une vie sur mesure
déploie tes couleurs, tes talents
danse sous la pluie et le beau temps.

Écouter l'appel du cœur et s'aligner sur soi est un acte de réunification qui te permet de reprendre le contact avec ce qu'il y a de plus grand en toi. En un flash, la lumière et la vibration de l'arbre aux Rêves se joignent à toi pour retrouver cette connexion. Là, sur ton île, comme une remise à niveau, tu viendras te synchroniser avec ce qu'il y a de plus beau. Tu viendras te souvenir et refaire le plein d'énergie, reprendre le contact et faire face à la vie.

LA TRAVERSÉE DU LABYRINTHE

Pour le moment, ton monde des Rêves est trop dense pour que tu puisses rester ici. Il y a un grand travail à entreprendre. Regarde ces murs, ces labyrinthes, toutes ces structures sont ce que tu as construit depuis ta naissance et cette mécanique possède les pleins pouvoirs sur ta perception. Pour revenir ici, il te faudra te défaire de toutes tes limites, élargir ta vision, gagner en profondeur, faire confiance au silence et à ton cœur.

Il te faudra naviguer au travers de ces mondes, déjouer tous les pièges, déconstruire tout ce que tu as appris, te remettre en question à chaque pas que tu feras. Faire face à ce que tu es, en défaire chaque nœud et questionner chaque chose. Si tu t'arrêtes, tu verras les portes se refermer et la densité de ce monde t'entraînera de nouveau dans ces profondeurs inconscientes où tu vis ton rêve somnambule.

Mais si tu en comprends chacun des détails, ceux-ci deviendront tes armes, tes pouvoirs. Tes peurs se transformeront en tes meilleures alliées, tu passeras chaque porte du monde des Rêves et te rapprocheras de qui tu es. Le chemin est long, immense, infini, et la découverte de soi aussi.

En partant à la quête de tes rêves libres, loin de tout, tu offres au monde le cadeau de la possibilité de découvrir avec toi ce qui existe ailleurs, quelque part, au loin dans l'inconnu. Tu honores ce qui vit là en toi. Et puis, il est une force qui ne te donne pas d'autre choix que d'avancer et d'être qui tu es… Il y a un monde autour qui t'attend, où se dessinent tes rêves, tes rêves en plus grand, comme si c'était écrit depuis la nuit des temps. Un nouveau jour se lève, un nouveau printemps éternel… Un nouveau monde ! Ton nouveau monde.

Alors, va ! C'est à toi de le construire, de façonner le rêve de ta vie avec ce qui est important pour toi. Change chaque perception que tu as, fais tomber chaque peur, chaque limite et tu accéderas peu à peu à ton rêve à toi. Crée de l'espace et des rendez-vous avec toi-même, avec ton enfant intérieur, sois honnête, humble, transparent sur ce que tu vois en toi et qui te fait peur, te limite. Inclus-le, accepte-le et tu le transformeras.

Mets de la lumière, du cœur et de l'amour dans chaque action que tu feras. C'est dans ces instants-là que tu te trouveras face à face avec le grand mystère. Face au monde en mouvement, à la folie qui t'entoure et aux inconscients qui vacillent, il te faudra rester fort, garder le cap, garder le pouvoir sur toi et te créer un réel art de vivre, une bulle, un observatoire dans lequel l'autre sera ton plus grand miroir.

LE MIROIR DE L'AUTRE

LES MASQUES SOCIAUX

Dans mon imaginaire, le voyage dans le monde des Rêves n'était pas terminé. J'étais revenu au point de départ. Je surplombais le premier monde et je pouvais voir avec subtilité toutes les limites à franchir pour retrouver mon rêve.

J'avais la sensation d'être omniprésent. Tout ce que je voyais à l'extérieur, je le sentais en moi. Et chaque fois que je posais mon regard quelque part, je me transportais à cet endroit sans jamais perdre le contact avec l'ensemble du décor. J'étais moi-même le décor, l'observateur et l'acteur principal.

J'étais assis en position de méditation, observateur, et je sentais me traverser une multitude de souvenirs. Je revivais certaines scènes de mon quotidien en boucle. Comme des flash-back de certains moments, de certaines rencontres où je sentais ne pas avoir été en phase avec moi-même. Tout m'apparaissait avec une sensation désagréable, j'étais comme divisé, démultiplié et même si je ne captais pas l'essence de tout ça, j'arrivais à percevoir ce que cette vision m'amenait à comprendre. Je me voyais au travers des différents masques sociaux que j'employais inconsciemment dans ma vie. Comme des jeux de rôles auxquels j'adhérais sans le savoir depuis toujours. Je pouvais voir avec clarté comment s'activaient certains mécanismes inconscients en fonction de la situation, de la personne en face et comment ils prenaient le contrôle sur mes pensées, mes mots et sur l'échange que j'avais à ce moment-là. Cela me paraissait fou. J'étais incapable d'être qui j'étais réellement. D'ailleurs, je n'avais aucune idée de qui j'étais réellement.

Je me sentais passif, sous l'emprise de cette force, de cette mécanique qu'est le monde des Rêves. Un nouvel enseignement m'attendait ici. Une nouvelle révélation sur ma réalité. Je sentais que toutes ces images et ces pensées qui tournaient en boucle m'amenaient à découvrir une nouvelle clé pour avancer sur le chemin des Rêves. J'allais poser la question quand j'entendis le « miroir de l'autre » résonner en moi.

LE MIROIR DE L'AUTRE

LA RENCONTRE

Rappelle-toi ! Ce que tu vois dans le monde des Rêves est une déformation de ta réalité, une perception liée à tes croyances, à tes peurs, à ta mémoire et à celle du monde entier, elle est ta propre construction mentale et elle est un miroir qui te donne l'opportunité de t'éveiller, de te voir dans son reflet.

À chaque rencontre avec l'autre, sois ton propre observateur. Sois attentif au mouvement de ta pensée. Comme une méditation, à chaque instant crée de l'espace entre les mots que tu déploies. Respire, observe, écoute comment ton mental cherche à remplir le vide. Il ne supporte pas le silence. Sois le gardien de ce silence salvateur. Car ta parole est sacrée et chaque fois que tu l'utilises, elle définit les limites de ta réalité, elle structure ton monde et crée les murs qui t'empêchent de voir au loin le vaste horizon de ton existence.

Tu es revenu au centre du monde des Rêves pour commencer le nettoyage de ton labyrinthe. Ta rencontre avec l'autre sera ta meilleure leçon. À chaque interaction se révélera ce qui est caché en toi. Engage-toi dans cette quête comme s'il s'agissait d'un grand jeu.

Mets de la lumière sur ce qui ne t'appartient pas et qui prend le contrôle de ton être, sois attentif. Car les mécanismes inconscients s'activent très rapidement face aux autres et pour avancer vers ta libération et déconstruire l'illusion des rêveurs somnambules, tu dois faire preuve de beaucoup d'attention. C'est un long travail, mais si tu restes fidèle à ta présence, à cette énergie que tu as sentie le jour où tu étais sur ton île, alors tu pourras voir ton comportement et t'en détacher. ***Les rencontres avec l'autre apparaîtront comme des miroirs parfaits. Chaque relation mettra en relief ce qui en toi est inconscient et te limite dans ton évolution, dans ton ascension vers les sommets de ton art de rêveur.***

Plus tu arriveras à te détacher de ces mécanismes inconscients, plus tu prendras de la distance avec les inconscients collectifs, plus tu t'élèveras face à toi-même. Tu accéderas de plus en plus à ta pensée libre, connectée à la source. Cette même pensée se transformera peu à peu en un outil magique qui te permettra de redessiner les limites de ton monde et de retrouver les traces de ton rêve authentique. Car tout n'est qu'un rêve, une histoire, illusion du réel, le monde est un miroir, tout ne tient qu'à toi de revoir les courbes et les couleurs des mondes que tu veux voir…

À la suite de ce message, je parcourus l'ensemble de mes souvenirs et je pris alors du recul sur ma vie.

Nous changeons de masque en fonction de l'interlocuteur, notre voix change, notre posture, notre regard se modifie mécaniquement face à nos parents, au médecin, au voisin, au professeur… Tout paraît convenu et normal, mais dans la profondeur il se joue quelque chose qui nous empêche de savoir qui nous sommes. Nous employons simplement des codes. Je me suis rendu compte à quel point il y avait du travail pour être réellement qui je suis sans masque face à n'importe qui... tellement j'étais façonné, dans ma relation à l'autre, par mon histoire.

Je comprenais soudain que toutes ces habitudes m'avaient permis d'évoluer dans ce monde et d'en comprendre les codes, les normes et ainsi de me fondre dans la masse. Mais je réalisais ici qu'il était temps de sortir de cette reproduction inconsciente et de créer ma façon d'interagir avec moi-même et avec les autres : c'est la seule façon de reprendre le pouvoir sur mon rêve et d'avoir la liberté d'être qui je suis. Je me rendais compte à quel point il est salvateur d'être observateur à chaque instant : le fait de méditer est un acte de chaque seconde afin de faire face à l'autre, d'échanger pour grandir et de voir les mécanismes inconscients qui se mettent en place.

Plus cette vision tournait en boucle, plus j'accédais à une nouvelle révélation sur mon parcours passé et sur celui qui m'attendait. Comme si je me positionnais face aux autres différemment. Là, d'un coup, je voyais avec clarté toute cette mécanique en action.

Il est des rencontres qui effraient et d'autres qui attirent, celles qui révèlent et qui subliment.

Il est des rencontres qui secouent, qui fascinent, et d'autres qui émeuvent et construisent. La rencontre avec l'autre prend souvent bien des formes, bien des sens, bien des normes, des exigences. L'autre prend souvent des airs d'idéaux, de sauveur d'existence, il prend parfois des airs de coupable, mais il est une évidence. **Dans chaque rencontre, dans le jeu du moi, l'autre nous montre et nous pointe du doigt. L'autre nous éveille, il nous lit comme un miroir, il met en lumière ce qu'on ne veut pas voir.**

Je prenais la mesure de cette découverte et je me rendais compte à quel point chaque interaction était finalement superficielle, ou fausse – dans le sens « automatique », « inconsciente ». Dans le premier monde des Rêves, les rêveurs somnambules interagissent donc sous la forme la plus automatique. On parle du beau temps, on revient dans le temps, on parle des jours d'avant et de ceux qui nous séparent de l'instant. On cherche à combler le vide, on a peur de tomber dedans. On cherche à dire ce qui nous fera survivre, à exister un instant, mais on passe à côté de cette rencontre et on reste seul infiniment.

Notre mental survolté saute sur tout ce qui bouge et pointe du doigt, classifie, range, compare, juge. On se perd dans ce marasme social, on regarde à l'extérieur et on s'insurge face à tout ce qui passe devant nous... Mais quand on pointe l'autre du doigt, l'évidence apparaît dans ce geste, c'est un symbole fort : ce que je pense de toi n'est en réalité que la façon dont je me vois, dont je m'apprécie. Et quel manque d'amour nous avons envers nous-mêmes quand nous passons notre temps à juger l'autre, à nous comparer.

Le monde des Rêves venait de me révéler une nouvelle clé pour avancer sur le chemin des Rêves. La découverte de mon authenticité et ma libération passent par la rencontre avec l'autre et dans ce jeu de miroirs. Chaque interaction, chaque regard, chaque mot, chaque échange vécu sur notre chemin vient déposer sous nos yeux, en nous, les réponses et les signes de ce qui se passe au plus profond de notre être.

Ce qui est enfoui et tapi dans l'ombre souhaiterait être mis en lumière. Un effet miroir où l'autre apparaît comme notre plus beau repère et vient révéler qui nous sommes avec une grande précision. Et ce que nous voyons chez quelqu'un, ce qui nous dérange, nous fait réagir ou même nous rend admiratifs est en réalité quelque chose qui est enfoui en nous et qu'il faut aller chercher pour le mettre en relief et se transformer.

LE SPECTRE INTÉRIEUR

Quand on vit totalement enfermé dans le premier monde, on ne se rend pas compte que les autres ne sont qu'une projection de notre propre monde intérieur. Tout passe par notre interface, qui nous traduit en temps réel ce que nous voyons. Nous l'intégrons alors à partir de notre propre construction. C'est magique ! Pour avancer sur notre propre chemin, nous avons besoin de l'autre pour révéler ce qu'il y a en nous, et ainsi nous en libérer ou le faire fructifier.

Je venais de comprendre une nouvelle subtilité du monde des Rêves. Il y a une interaction importante qui se crée dans l'invisible. C'est comme si chaque existence, chaque personne était un dessin, une structure de notre propre monde des Rêves, et à chaque rencontre nos mécaniques intérieures se synchronisent, se confondent et viennent révéler ce qui s'y cache.

C'est magique !

Je venais d'ouvrir les yeux sur cette réalité et ça me paraissait à la fois logique et complètement fou, étrange. J'avais toujours eu la sensation d'être maître de mes pensées, de mes idées, de mes actions, de qui j'étais, mais là j'avais la preuve que non. Tous ces souvenirs venaient me révéler ma partie somnambule.

Le maître des Rêves me dit :

> *Il est une magie dans le monde des Rêves qui peut t'enfermer dans une sombre réalité, mais si tu t'y éveilles alors tu deviendras ton propre magicien. Tu t'élèveras au-dessus de tes propres mécanismes inconscients et créeras la magie dans ta rencontre avec l'autre. Comme un projecteur de bienfaisance, tu iras en profondeur laisser le message d'amour qu'il est possible d'être soi et d'accepter sa vulnérabilité. Car bien souvent, c'est ce qui s'active. Nous avons peur de laisser être ce qui est, tant on nous a appris à répondre aux exigences du monde extérieur. Nous avons perdu les repères de notre authenticité et s'y connecter fait peur. Peur de ne pas être accepté. Acceptons-nous, regardons en profondeur et reconstruisons cette idée.*

Ce travail de reconstruction prend énormément d'énergie et d'attention. Il nécessite de s'engager et d'y consacrer beaucoup de temps ; et le paradoxe est que pour se défaire des vieilles structures, il faut se détacher du temps. **Se rendre compte d'une croyance limitante est la moitié du travail.** Une fois que vous aurez détecté les rouages de certaines de vos pensées, détachez-vous-en à tout jamais. Respirez-les, créez de l'espace chaque fois que vous les apercevez. Cet espace détruira peu à peu leur structure. Y penser sans cesse les accentuera, les fera revivre, leur donnera raison, les validera et vous resterez coincé, attaché d'une autre façon à cette même limite. Prenez garde à ce piège. Il n'est aucune analyse valable dans le monde des Rêves, tout comme il n'est aucune technique pour être dans la présence. Chaque idée, chaque pensée vient du même endroit, de votre mental, et celui-ci est très vif pour recréer des schémas qui vous enferment sans que vous vous en rendiez compte.

Intégrez chaque limite comme une opportunité de vous élever, de passer à une autre marche dans l'escalier de votre évolution. Si vous cherchez à la repousser, à la détruire par peur qu'elle vous enferme, vous lui donnerez toute votre énergie et elle grandira, elle prendra d'autres formes, elle mutera pour devenir plus forte. Car elle connaîtra toute la subtilité avec laquelle elle peut venir reprendre le dessus sur vous.

Cette structure est un repère. L'observation neutre est votre meilleur outil, ainsi que la présence et la gratitude. Remerciez cette structure et visualisez comment elle pourrait se transformer en un outil et vous permettre de grandir avec elle. Utilisez cette énergie qu'elle consomme en la mettant dans le présent. Déplacez votre attention dans quelque chose qui transcende les rouages de votre monde des Rêves et, comme un rituel, une cérémonie, venez la remercier, l'intégrer en vous et passer à autre chose.

Cette compréhension du miroir de l'autre a été une révélation importante qui m'a permis de garder une certaine assiduité dans mon évolution. Car le monde des Rêves est une machine qui ne s'arrête jamais de tourner et il est difficile de s'en débarrasser tant que nous n'avons pas nettoyé une grande partie de notre inconscient.

Le pouvoir des mots

Un exercice que je vous conseille est de prendre chaque jour un rendez-vous avec vous-même, pour établir un journal de bord écrit de votre évolution. Entretenir un regard conscient, humble, honnête avec vous-même sur ce que vous avez

vécu dans la journée ou dans une période précise. Et ainsi mettre en lumière les réflexes inconscients qui s'activent en vous et les mettre en relief comme des choses à travailler. Souvent, le plus difficile est de vous rendre compte de ces moments en somnambule. Mais le fait de vous être éveillé à la présence vous donne un point d'ancrage important auquel vous pouvez vous raccrocher pour venir mettre la lumière nécessaire à l'éveil.
Accueillir ce qui s'active, le voir avec détachement, avec humour, se rendre compte qu'il n'est qu'un programme qui se met en place par peur d'être vous-même, par méconnaissance de vous-même. Souvent il est plus difficile d'être vous-même face à vos proches. Paradoxalement, le confort familial est l'endroit où s'activent le plus de mécanismes et de réflexes. C'est ici que le monde des Rêves s'est construit et donc tout ce qui est actif en vous vient de là. Mais face à l'inconnu il est possible de jouer, de se proposer d'être une nouvelle version de soi, de sortir consciemment des limites de soi. Peut-être que vous ne connaissez pas votre vraie nature, mais dans ces rendez-vous avec vous-même, avec votre enfant intérieur, il peut être intéressant d'aller jouer avec votre côté aventurier. Se proposer des petits défis qui vous feront sortir de votre monde connu, de votre zone de confort : s'adresser à un inconnu, aider quelqu'un dans la rue, expérimenter le lâcher-prise face à l'autre, et ainsi créer des ouvertures conscientes qui peu à peu redonnent du pouvoir sur soi. Il s'agit aussi de créer des repères dans le quotidien qui vous permettent de gagner du pouvoir sur cette reconquête intérieure.
Ce sont des moments importants qui, quand vous prenez le temps de les écrire, de les poser sur le

papier, vous permettent de vous recueillir sur ce qui se passe en vous et de vous encourager à suivre ces nouveaux chemins. Quand vous y arrivez, il est assez magique de pouvoir se rendre compte que chaque chose qui a été construite se révèle à vous pour être transcendée, et qu'il n'y a aucun chemin parfait. Et alors, vous pouvez ensuite arriver à une forme de reconnaissance de soi, de gratitude.

LA GRATITUDE ENVERS SOI

Peut-être qu'après chaque rencontre avec soi et après avoir réussi à écrire ce que nous avons observé, nous pourrions finir par quelques mots de remerciement envers soi-même. Peu importe ce que nous sommes, peu importe là où notre inconscient nous amène, nous sommes aujourd'hui sur le chemin de la reconquête et nous savons profondément que nous pouvons ne plus être limité.

Chacun à sa façon peut trouver le temps, les mots pour se dire merci à soi-même ! Il s'agit de prendre un instant pour remercier cet état somnambule, inconscient, qui nous a amené à être sous l'emprise de mécanismes qui aujourd'hui nous permettent de muter et de se rapprocher de soi. Alors chacun avec ses mots peut par exemple dire : « Merci de m'avoir amené ici, merci de m'avoir limité toutes ces années, merci pour l'opportunité que tu m'offres de voir plus loin, de m'élever et de reprendre le pouvoir. Aujourd'hui je suis conscient de qui je ne suis pas... Je te laisse ici sur ce papier, et j'avance, je suis plus grand, plus libre, maintenant je me souviens. Merci pour l'aide. » Chacun est libre de choisir ses propres mots pour symboliser le passage à un nouveau « moi ».

Il peut aussi être intéressant d'utiliser le pouvoir de notre imaginaire et de regarder cette partie de nous ancienne, limitée dans son schéma, et de réellement ressentir de la gratitude, sans jugement : simplement sentir le détachement, le fait que nous laissons derrière nous une vieille partie de nous qui nous a amené ici et dont nous nous détachons pour avancer sur ce chemin de découverte loin des limites du passé.

Ce sont des actes magiques, guérisseurs, que nous pouvons avoir avec nous-mêmes et que nous pouvons répéter pour entretenir ce lien avec soi, comme un accord, un engagement que nous prenons sur le chemin des Rêves. Celui d'être fidèle à soi-même, grâce à cet observateur conscient, lumineux qui a le pouvoir de changer chaque chose en posant un nouveau regard.

GRATITUDE

Tout cela n'est qu'une proposition et il en existe autant que vous pouvez en créer, en inventer en fonction de qui vous êtes. Le plus important ici est de sentir qu'une nouvelle relation se crée avec vous-même. Un refuge, un lieu intime qui vous mènera sur un chemin infini de découverte de votre essence profonde et qui créera un point d'ancrage solide pour affronter les moments sombres, la peur, le brouillard, les pièges qui se tendent sur votre chemin.

Ce grand retour à la source de soi, dans les profondeurs de son âme, est tout ce que je nous souhaite ! Ce chemin des Rêves ne peut être autrement. Le monde de demain, celui dont on rêve tant, est certainement fait de rêveurs qui auront pris le temps de se découvrir, de s'aimer, de s'accepter pour offrir au monde leur version transcendée, réactualisée, authentique.

LA VIE À DEUX

Bien sûr, ce chemin des Rêves nous amène ensuite vers une grande série de défis, afin d'approfondir notre expérience et de pouvoir en ressortir toute la sagesse nécessaire à la transformation vers l'état de funambule.

La déconstruction de notre monde intérieur prend une nouvelle dimension au sein de la famille, face aux parents qui mettent en lumière tous nos schémas inconscients.

J'ai eu la chance de rencontrer la personne avec laquelle j'ai le plus évolué, grandi. Mon éveil s'est fait au début de ma relation amoureuse avec Natalia Doco, avec qui j'ai entrepris pendant de nombreuses années ce travail évolutif.

Nous savons tous à quel point la vie de couple est un défi tant le fait d'être en couple met en lumière nos structures respectives, nos mondes intérieurs. Mais quel magnifique pari d'entremêler nos vies et de réussir à ne pas se perdre dans les pièges de l'amour construit, normé et égocentré. Sur cette route, nous révélerons nos plus grandes peurs, nos plus grands doutes pour enfin laisser jaillir nos plus belles lueurs.

Car il est parfois des rencontres hors du commun. Trouver l'âme sœur, le partenaire de vie avec qui on va s'engager dans cette quête, pour évoluer, grandir, tomber, se mentir à soi-même, se perdre pour finalement se retrouver à d'autres niveaux et continuer, recommencer perpétuellement, avancer main dans la main, cœur à cœur vers un ailleurs qu'on ne connaît pas.

Le couple est un grand défi, car il devient l'expression au quotidien de tous nos mécanismes inconscients. On répète chaque jour les mêmes habitudes de vie et nos mondes viennent s'entrechoquer. On se voit reproduire les mêmes schémas que le monde patriarcal a construits, on se fait face dans nos visions, nos évolutions respectives. Les traumatismes de l'un se reflètent sur l'autre, les blessures, les projections inconscientes... Un réel feu d'artifice, une mise en lumière de tous les schémas archaïques que nous reproduisons.

Nos mondes se confondent, au point parfois de ne plus savoir qui on est. Mais la magie du monde des Rêves et l'effet miroir se révèlent être une mine d'or pour les rêveurs qui ont entrepris leur travail de déconstruction. Le couple devient alors un cocon, un espace privilégié d'accueil, d'écoute, de soutien dans lequel on se propose ensemble de devenir qui on est, dans le respect, la bienveillance, la patience et l'entière acceptation de l'autre et de soi. C'est peut-être ce qui est le plus beau dans le fait d'aimer : toucher du doigt ce que l'inconditionnel nous permet. S'accepter soi pour accueillir l'autre et s'accompagner dans nos évolutions respectives.

La vie de couple porte une multitude de leçons que chaque couple, chaque individu aura la chance de découvrir. Rien n'est simple, mais pour le rêveur qui rêve en grand de devenir sa meilleure version, **il y a sans doute dans cet engagement les clés qui lui permettront d'ouvrir les portes de demain et de se mettre à danser avec la vie, les rythmes, les lunes, les cycles** ; et de devenir multiple, d'évoluer, de muter, d'incarner différentes facettes de soi pour grandir avec l'autre, grâce à l'autre.

L'éveil à soi et à son propre rêve est quelque chose de très personnel et intime, mais la chance que l'on peut avoir, c'est de rencontrer ou d'être accompagné par une personne qui suit ce chemin de découverte. D'ailleurs, très souvent quand on évolue, on change de regard, on change de perception, on change littéralement de monde, et notre façon de penser, de communiquer, de vibrer crée de nouvelles rencontres. On attire de nouvelles personnes dans notre existence. Car après avoir enlevé les premiers voiles qui nous empêchaient de voir, c'est tout un monde magique qui s'ouvre à nous. On a l'impression de comprendre la vie comme jamais. On se connecte aux synchronicités, aux signes de l'univers, on vit dans une nouvelle réalité où tout est clair, tout est beau ! Petit à petit, nous sortons de cet état somnambule, nous prenons un peu de hauteur et nous rencontrons alors les premiers pièges du monde des Rêves.

LES PIÈGES DE L'ESPRIT

LES PIÈGES DE L'EGO SPIRITUEL

L'instant présent était peut-être pour vous aussi le point de départ de votre éveil et de votre travail de déconstruction. Quoi qu'il en soit, le chemin sur lequel vous êtes vous fera rencontrer vos propres pièges liés à celui-ci et à votre évolution personnelle.

Mon parcours m'a amené à rencontrer certains lieux communs de l'évolution spirituelle, des portes qui s'ouvrent sur des pièges que vous avez peut-être aussi expérimentés ou que vous expérimenterez. Quand on commence à sortir du premier monde, celui des somnambules, que l'on s'éveille de son rêve, on ouvre les yeux et on prend du recul. L'univers paraît plus grand, on voit les gens différemment, on comprend les choses avec une sensibilité nouvelle et cela nous donne une sensation merveilleuse d'être sorti du mauvais rêve et d'être arrivé dans le bon. On commence à se dire « Je sais », « J'ai enfin compris ». C'est à ce moment que l'on rencontre un des premiers pièges sur le chemin des Rêves, celui de l'« ego spirituel » !

J'ai traversé ce premier piège au début de mon éveil. Il est subtil, car, avec l'expérience de l'instant présent et le changement de perception, on est amené à savourer la vie différemment. Les couleurs changent, les odeurs aussi, tout s'aligne, tout est beau, magnifique, profond. Notre monde des Rêves s'est élargi, le regard que nous portons est alors teinté par ces nouveaux repères... Et c'est à partir de ces repères nouvellement intégrés que notre ego mental, notre monde des Rêves, nous piège sans que nous nous en rendions compte.

Nous baignons dans un nouvel univers et nous découvrons énormément de choses en très peu de temps. Tout nous paraît évident, limpide, les vieilles structures tombent, l'ego se voit malmené, car chaque jour nous prenons conscience de notre inconscience. Ces mises en lumière modifient alors le fonctionnement de notre monde des Rêves, qui jusque-là tournait en boucle sans entrave, telle une machine infernale qui dirigeait notre vie, nos pensées, notre rêve. C'est comme si à chaque instant présent vécu, nous stoppions le mouvement de la pensée et laissions entrer en nous la lumière qui nous lie à la source. Puis le temps s'écoule, et nous passons à un état où l'expérience nouvelle de l'instant présent se dilue et devient peu à peu un souvenir, une mémoire que notre monde des Rêves utilise pour recréer les remparts qui nous enferment de nouveau dans notre propre inconscience. On a l'impression d'être sorti de notre état de somnambule, mais notre structure mentale est si puissante qu'elle se remet à tourner en boucle avec l'illusion de l'éveil spirituel. Et on se retrouve au point de départ, enfermé dans notre premier monde.

RÊVEUR SOMNAMBULE

Vouloir changer les autres

J'ai pris conscience de ce piège quand j'étais en plein élan prosélyte, en 2014, à l'époque des Fréro Delavega. Je vivais alors cette étape de réveil brutal et cette révélation de l'instant présent. J'avais acheté *Le Pouvoir du moment présent* à toute l'équipe, à mes parents, à chaque personne que je croisais. Hé hé ! J'étais déterminé, convaincu que chacun devait lire ce livre et se réveiller, pour changer le monde.

Car oui ! l'expérience est tellement forte et salvatrice que l'on voudrait le même bonheur pour tous. On voudrait la partager et embarquer avec nous ceux qu'on aime, qu'ils puissent vivre cette magie. Mais sans s'en rendre compte, on se met à vouloir les changer. **On se transforme peu à peu en un potentiel tyran spirituel, un gourou qui voudrait donner la bonne parole, et indiquer le bon chemin.** Évidemment, la bienveillance est quand même présente, et c'est une étape normale et saine car on veut aller dans le bon sens. Mais on se rend compte ensuite que le bon sens n'existe pas. Il est un chemin particulier, une expérience propre à chacun et l'éveil spirituel est un travail personnel, intime et continu.

Pour identifier ce piège subtil, ma compagne et moi nous amusions à le nommer le « piège du chaman.com » ou du « bouddah.com ». Car il y a dans cela cette notion du « Je sais », « Je connais la vérité et vous non ». Se mêle à ce piège une identification à un univers ésotérique, folklorique où règnent les plumes, les rituels codifiés, l'esthétique et toutes sortes de choses qui nous faisaient rire quand on les voyait s'activer en nous. L'humour est aussi un outil très important pour déconstruire et mettre des mots sur les mécanismes qu'on observe. C'est une chose qui nous a beaucoup aidés !

Repérer cette chausse-trappe est fondamental : pour nous, cela a marqué le début concret de notre chemin initiatique et l'exigence de notre engagement. Cela a été une opportunité de s'éveiller une seconde fois et se rendre compte alors que le chemin est sans fin. Il nous invite à comprendre que l'éveil est perpétuel et qu'il n'y a aucune limite à la découverte de cet espace hors des pensées. Chaque croyance, chaque idée théorique, chaque chose que notre mental recrée est une nouvelle limite à dépasser en expérimentant l'instant présent avec plus de subtilité afin de ne pas rester dans la théorie spirituelle.

Je l'ai vécu, je l'ai vu s'activer en moi de nombreuses fois : en effet, il est naturel de tomber dans ce piège. Et il existe sans doute autant de pièges que le monde est infini. C'est là la richesse de la découverte de soi. **Rien ne viendra de l'extérieur : tout vient de soi et n'appartient qu'à soi.** Toute compréhension et toute expérience peuvent s'approfondir. D'ailleurs, mes mots ne sont que peu de chose à côté de ce que chacun peut vivre.

Activer le pouvoir de l'instant présent

J'aimerais tenter d'aller plus loin et revenir sur cette idée de l'instant présent tant elle a été pour moi une clé de découverte et de compréhension du monde des Rêves. Elle s'est par la suite transformée en une véritable alliée dans mon travail de déconstruction afin d'éviter de retomber dans ces pièges de l'illusion, ou du moins pour réussir à m'en défaire. **Le présent est le point de départ**, car il est la compréhension immédiate de la façon dont fonctionne le monde des Rêves et le lien direct avec la source, notre maître des Rêves et tout ce qui nous lie à notre chemin de cœur.

Quand on saisit que notre silence intérieur détermine notre niveau de présence et que ce niveau de présence a une influence directe sur la mécanique du monde des Rêves, on comprend alors que l'on peut arrêter le mouvement grâce à cet acte magique – qui est de se mettre au présent – et que l'on peut faire tomber toutes ces structures mentales en y posant simplement notre attention, notre lumière intérieure.

On active le « pouvoir du moment présent ». On change le fonctionnement de notre mental, on modifie les formes et les structures en créant des silences, des hiatus qui coupent les connexions et permettent de ralentir le mouvement de la pensée. Alors il se crée des interstices, qui sont les portes de demain, là où notre maître des Rêves, notre âme, nous attend. Chaque respiration, chaque silence intérieur nous y connecte et nous libère un peu plus de ce premier monde.

On ne « sait » pas ce qu'est l'instant présent, on l'accueille simplement, on le vit, mais on ne sait rien de lui. Savoir, c'est se souvenir ; et se souvenir active et alimente cette machine mentale qui nous coupe de l'expérience, de ce qui se joue, là entre les mailles du temps, derrière le voile, dans ce fameux instant présent.

Et l'existence supérieure, le grand mystère derrière chaque chose, se cache certainement à un endroit où justement on ne sait pas. Pour avancer sur le chemin des Rêves et déjouer les pièges, il faut se méfier de ce que l'on sait. Bien sûr, il est génial de savoir, de connaître énormément de choses, mais on ne sait pas tout et on ne saura jamais tout. Chaque chose que l'on affirme aujourd'hui sera probablement un jour obsolète. Tout est en mouvement. Tout change, tout bouge. Et ce qui existe à cet instant n'existera plus jamais. **Ce qui se passe ici et maintenant ne reviendra jamais.** Ce sont ces clés de compréhension qui m'ont aidé à sortir de ce piège de l'ego spirituel.

L'instant présent est réellement une chose insaisissable par les mots et par la pensée. Mais j'aimerais tout de même vous inviter à cette découverte pour que nous puissions continuer le chemin ensemble.

Comment entrer dans l'instant présent

Il existe une infinité de façons d'entrer dans cet état : mais il semblerait que le corps et l'attention que l'on y porte soient des accès intéressants. Par exemple, quand vous vous connectez à ce qui fonctionne sans l'intervention de votre mental : votre cœur, votre respiration et tout ce qui vit en vous sont soutenus par quelque chose qui vous échappe et qui semble éternel, hors du temps. En y prêtant attention, en les observant, vous accédez à l'instant présent. Cela peut être en vous aventurant dans l'expérience du corps et des sensations : le mouvement de votre monde des Rêves ralentit, stoppe pour vous laisser toucher du doigt ce qu'est l'expérience de l'instant présent et alors déjouer les pièges de votre mental. Ou cela peut être dans le fait de chercher à se connecter à vos sens, ou alors en méditant. Mais ici les mots signifient beaucoup de choses et viennent encore vous séparer de l'essence profonde de ce mystère impalpable. Alors je laisse chacun mener son expérience et mesurer ce que cela signifie au fond de lui.

La découverte de ce premier piège, celui de l'ego spirituel, nous amène à remettre en question chaque pensée, chaque projection de notre mental pour devenir un traqueur de l'ego et chercher à s'en défaire, à l'annuler.

Le piège suivant que j'ai vécu était de vouloir détruire l'ego, de chercher à maîtriser le monde des Rêves. Je suis entré dans une phase de guerre avec mon mental pour désarçonner chaque ancienne et chaque nouvelle construction.

LE PIÈGE DE LA DESTRUCTION DE L'EGO

Pour couper les liens avec l'ego et chercher à reprendre le pouvoir, j'ai alors décidé de renier mon apparence. J'ai commencé à me salir, à laisser pousser ma barbe, mes cheveux, à ne plus acheter de vêtements, à paraître bohème, hippie. À cette époque, j'ai lâché totalement le contrôle de mon apparence et me suis réfugié dans une sorte d'opposé mais où tout resterait encore sous contrôle, d'une certaine manière. **J'étais tombé dans un autre piège, celui de passer à l'extrême inverse mais de ne pas se rendre compte qu'il s'agit de la même chose…** Le mental qui reprend le pouvoir sur nous d'une façon différente en se déguisant.

Les pièges font partie du chemin qui mène à nos rêves. Le monde des Rêves est une mécanique qui tourne sans fin et nous referme sur nous-mêmes dès que l'on perd le contact avec notre capacité à être présents, à observer chaque processus qui s'active. Ainsi, tous les pièges que l'on peut rencontrer dans cette étape de déconstruction de son monde sont liés à l'expérience de la dualité et viennent nous enseigner que le chemin de découverte de soi passera par la compréhension de cette dualité (cf. « Sortir de la dualité », p. 121). Pour peut-être pouvoir trouver cet équilibre qui fera de nous un rêveur funambule.

J'ai une tendance à être extrême dans mes prises de position intérieures, ce qui fait que les changements furent chaque fois radicaux et très visibles pour mon observateur intérieur. Mais il peut être très difficile de se rendre compte de cette mécanique existant dans notre monde des Rêves. Alors, de piège en piège, de découverte en découverte, on se rapproche chaque fois un peu plus d'un état de libération et on se met à rêver en grand. Car chaque croyance qui tombe, c'est un rêve qui germe et un pas de plus vers le retour à la source de soi. Les limites sont de plus en plus lointaines.

Plus on déjoue les pièges, plus on élargit sa vision et plus on gagne en clarté ; mais plus le niveau augmente, plus ils deviennent difficiles à déceler. En effet, souvent, on acquiert plus de pouvoir sur soi, sur sa vie et on désire alors se créer une existence sur mesure. On se connecte à l'enfant intérieur, on avance sur un chemin qui a du cœur, on se lance, et bien souvent on veut changer de vie et on rêve en grand. Et on découvre le « piège du rêve parfait » !

LE PIÈGE DU RÊVE PARFAIT

Ma plus grande désillusion, et un des pièges dont il m'a été difficile de me débarrasser, s'est construite au moment où nous avons tout quitté pour incarner notre rêve de retour à la terre. À cette époque, je me « plonge » en forêt avec ma compagne dans une vieille maison, coupé du monde. Pas d'eau courante ni d'électricité. Quelques panneaux photovoltaïques et des batteries nous permettent d'avoir le nécessaire. Et je me sens totalement à ma place, je vis le rêve parfait, je vois défiler les saisons et je suis dans une profonde renaissance.

Cependant, j'en veux alors plus, je veux pousser l'utopie au maximum. Je joue au grand rêveur, je jardine mon monde intérieur, en visualisant, en projetant mes intentions, en rêvant en grand pour semer des graines dans tout l'univers. Je sens à chaque escapade dans mon imaginaire que je suis sur le bon chemin.

À cette époque, je veux créer un monde nouveau, changer de paradigme, sortir des inconscients collectifs et créer un mouvement humain nouveau. **Je suis porté par cette utopie, le rêve écologique, la permaculture, la décroissance, la spiritualité.** Je veux tout, et je veux tout faire de mes mains, créer mon lieu, mon paradis, mon jardin d'éden, avec mon festival, une école dans la forêt, de la nourriture qui y pousse, des gens de passage, de la vie, de l'échange et un nouveau monde qui se soulève. Tout y est si beau, si réel... J'en ai rêvé si fort, j'en vibre alors profondément !

Au final, je m'en suis rapproché, je l'ai vécu, un peu, parfois beaucoup et parfois pas du tout. En effet, dans un coin de ma tête, tous ces rêves à réaliser, tous ces objectifs de vie, tout cet art de vivre, cette exigence extrême pour trouver la cohérence se sont transformés en une obsession. Je suis rentré peu à peu dans un nouvel état de crise. Le piège s'était refermé depuis longtemps et je ne l'avais pas vu venir. Le rêve dans lequel je m'étais projeté et la rigidité dans laquelle j'étais devenaient un cauchemar intérieur. Chaque certitude, chaque idéal que j'avais venait se positionner face à moi comme une nouvelle limite, une nouvelle croyance à déconstruire pour pouvoir vivre en paix. Vouloir tout incarner signifiait pour moi être cohérent. Mais c'était trop !

Et j'ai cru très fort à cette utopie. Je me suis fait happer, entièrement, totalement, par la vision si belle qui était en moi. Hélas, je me suis perdu, je me suis égaré, j'ai délaissé une partie de moi. Cette utopie m'a rendu triste et m'a plongé dans la dépression.

Cet état de crise m'a de nouveau conduit à questionner mon monde intérieur à la recherche des réponses que mon âme pourrait me délivrer. Je cherchais la présence du maître des Rêves. J'étais perdu.

SORTIR DE LA DUALITÉ

Un soir, face au ciel étoilé, tandis que j'observais ce décor incroyable et me laissais absorber par cette beauté sans nom, je me rendis compte que ces lumières que l'on voit dans le présent ne sont qu'un souvenir du passé. Elles parcourent l'Univers et nous atteignent alors qu'elles sont peut-être déjà éteintes. Mais alors, ce décor que je perçois ici et maintenant, ce n'est qu'une illusion ?

À cet instant, je suis troublé par ce que je vois et comprends. Les distances, l'espace, le temps, tout se mélange alors. Je fais face à l'immensité du ciel, aux galaxies, à l'infini en mouvement, qui pourtant, sous mes yeux, reste statique. Je ferme les yeux, comme si mon mental ne pouvait comprendre cette immensité et à quel point ce décor est là depuis toujours, peut-être soutenu par une force, une présence, qui dépasse ma compréhension. Dieu ? Le grand mystère ? L'univers ? Je ressens alors une sensation proche de celle près de l'arbre aux Rêves. Ici, je vois le monde immense, macroscopique, et je me sens connecté au grand Tout.

Puis, en un mouvement de pensée très rapide, je me retrouve dans mon jardin, là où tout a commencé pour moi. Je me vois observer à l'œil nu chaque détail de ce monde miniature : le mouvement et la complexité de cet environnement me paraissent incroyables. Chaque chose a sa place, et il existe une place pour chaque chose. J'ai une nouvelle révélation, dans cette courte vision de l'espace immense, infiniment grand et avec ces choses les plus petites et la possibilité d'aller voir encore plus petit, dans l'infiniment petit. Chaque fois, je me vois comme le centre de cet univers et je divise les mondes : le grand, le petit, les bons, les méchants, le vrai, le faux et moi au milieu !

Les deux polarités d'une seule et même chose

Le maître des Rêves apparaît face à moi, à la frontière entre deux mondes, et me dit :

Pour rêver grand, il faut rêver juste. Pour rêver juste, il faut rêver authentique. Et pour être authentique, il te faut sortir de la dualité et de la vision du monde segmentée. En comprendre le fondement et ainsi te fondre dans cette danse où les opposés,

les contraires sont les deux polarités d'une seule et même chose, le grand tout, la source d'où tu viens ! Il te faut comprendre ce mystère qui crée la dynamique, le mouvement, la vie présente en chaque chose.

Choisir un côté de la balance, c'est renoncer à l'autre partie, c'est se déséquilibrer et retomber infiniment dans les pièges des mondes d'en bas.

Pour continuer ton ascension vers ton île, et vers le rêve du funambule, tu te dois de réactualiser ce rêve que tu portes et l'ajuster à ce que tu es vraiment au fond de toi. ***Tu n'es pas là pour rêver d'un côté ou de l'autre de la balance, tu es là pour t'élever et retrouver cet équilibre en toi, ce que tu es.*** *Et « ce que tu es » est multiple, complexe, mouvant, libre, conscient, authentiquement toi ! Ton rêve est lui aussi unique, singulier, et il est immense. Souviens-toi, il est relié à la source, à ton cœur depuis toujours.*

À ces paroles, je me rends compte qu'en m'éveillant de l'illusion du premier monde j'ai ouvert les yeux sur les dysfonctions de notre société et en réaction j'ai fait des choix qui me semblaient cohérents pour répondre à cette folie. Et comme le constat était immense, je me suis engagé dans l'extrême opposé, pensant rêver le rêve parfait qui amènerait au moins en partie à l'équilibre.

Et le maître des Rêves me répondit :

Sache qu'il n'y a pas de petit ou de grand rêve. Tout est interconnecté. Il te faut intégrer cette réalité, sans quoi tes rêves ne seront qu'une succession de mises en opposition des polarités. Tout participe à l'équilibre du monde et à cette grande danse qu'est la vie. Chacun a une place, trouve la tienne et tu serviras le monde de la meilleure des façons. Prends de la hauteur au-dessus des idéaux qui veulent sauver la planète, et sauve-toi, toi ! Alors tu accéderas à ta plus belle version, tu brilleras si fort que tu serviras les autres à partir de ce que tu es, axé comme jamais en toute authenticité, sans te détourner, sans rêver le rêve des autres, le rêve de la dualité. Fais confiance à ton âme, il est un rêve pour chaque rêveur et le grand mystère fait bien les choses. Connecte-toi à la source et sois qui tu dois être.

Cette crise intérieure venait mettre en relief quelque chose de très important : le rêve de la dualité était l'ultime piège du monde des Rêves dans lequel j'étais. Je comprenais qu'ici il y avait une frontière à traverser, et pour finir d'intégrer cette leçon je devais la franchir. Je comprenais que l'accès aux mondes d'en haut ne pouvait être autrement. Cette désillusion était finalement ma porte d'accès à la compréhension de qui je suis et ne suis pas.

La dualité m'avait amené à rêver grand, immense, mais m'avait détourné, éloigné de qui je suis. J'avais totalement rejeté mon côté artiste, et ce besoin d'être dans la lumière, de transmettre, de faire vivre des émotions. C'est ce qui m'a fait le plus souffrir. Peu à peu, mon feu intérieur s'éteignait.

J'étais trop aspiré par cette vision qui sauve le monde. Moi qui m'étais convaincu d'être un ermite, prêt à vivre isolé pour répondre à la folie de cette époque et créer l'utopie de mes mains, je me rendais compte de mon oubli : je m'étais annulé.

Il n'est aucun mauvais chemin et aucune erreur dans la quête qui mène à nos rêves, il n'est que des compréhensions nouvelles à acquérir. Et cette étape a été une immense révélation de ce que j'étais venu chercher.

Nous sommes peut-être nombreux à nous égarer sur notre chemin, parfois même à en souffrir, à cause d'un rêve dans la dualité. Mais il y a toujours une porte d'accès à un autre niveau de compréhension et c'est là qu'on comprend que tout est parfait : c'était le chemin à suivre pour être là où je suis aujourd'hui, pour comprendre un peu plus qui je suis.

Réactualiser le rêve

Pour vous éviter de rester trop longtemps enfermé dans un rêve qui n'est pas le vôtre ou pour viser juste, il est intéressant de se connecter à soi et de venir réactualiser ce rêve le plus souvent possible : par exemple, en prenant le temps d'écrire sur papier ce grand rêve et y joindre les raisons, les motivations qui vous poussent à vouloir le créer. Se sonder en profondeur et voir d'où vient la motivation, se concentrer et voir si les raisons viennent en opposition à quelque chose, à une réaction liée au monde extérieur, ou si elles sont

l'émanation de votre vibration intérieure, d'une envie intense d'être et d'honorer votre enfant intérieur.
Cela peut être un indicateur intéressant, car en plus de vous aiguiller et vous ramener à l'instant, cet exercice vous permet de travailler la transparence avec vous-même, de regarder en profondeur et être honnête sur ce que vous voyez. Même si cela ne vous plaît pas dans un premier temps. Faire de cet acte un réel rendez-vous permet d'aiguiser votre regard et peut-être de voir les mécanismes qui s'activent et vous enferment peu à peu dans l'illusion et la division avec vous-même. Et, alors, réactualiser le rêve devient un nouvel élément de votre art de vivre.
Cela vous amènera à réduire l'écart entre ce rêve et l'instant présent. Agir petit, faire des choses qui ont du sens dans l'instant, installer une routine de vie dans laquelle vos repères sont de plus en plus solides et créent des points d'ancrage fort, des rendez-vous de présence importants pour réactualiser ce rêve et sortir du piège de la dualité.

En effet, tout bouge et tout change très vite en soi et autour de soi. Notre évolution est constante. La voix de l'âme, celle du cœur, nous appelle sans cesse vers un ailleurs, une nouvelle version de nous qui nous est encore inconnue. Une nouvelle tension se crée en nous entre notre réalité d'aujourd'hui et celle de demain. Une partie de nous, notre maître des Rêves, est déjà dans un autre monde et il nous faut partir à sa recherche et continuer le cache-cache avec soi-même.

Alors cherchons, mettons en place des choses, échouons, réactualisons-nous sans cesse. Et même lorsque nous trouverons, continuons cette quête, car il sera peut-être déjà trop tard : une autre version de nous nous attendra dans un endroit que nous ne soupçonnons pas, peut-être même là où nous n'aurions jamais voulu aller.

LA PARENTALITÉ

Ce travail de réactualisation du rêve et de découverte de qui je suis réellement a été un long processus. La naissance de mon fils est venue accentuer et mettre en lumière toutes les croyances limitantes dans lesquelles nous nous étions enfermés avec ma compagne, dans ce grand rêve utopique de retour à la terre. L'entrée dans le monde de la paternité a été une crise intérieure très importante : une réalité reçue en pleine face et une remise en question immense. Car être un rêveur en quête de soi et vouloir évoluer, devenir qui je suis, me libérer, incarner mes rêves s'est métamorphosé alors en un travail d'une grande envergure.

Chaque instant a pris la forme d'une remise en question et d'une mise en lumière de qui je suis. **Mon fils est devenu mon nouveau maître des Rêves. Mon maître spirituel par excellence, qui me renvoie l'image de ce que je suis, des blessures qu'il y a à soigner et du grand travail qu'il y a à faire pour continuer cette course folle vers mes rêves.** J'ai depuis sa naissance l'impression qu'il me répète : « Avant de me dire qui je dois être et ce que je dois faire, découvre déjà qui tu es toi ! » À chaque phrase que je lui dis pour tenter de l'aiguiller, j'ai l'impression de me parler à moi-même.

Quelle complexité de devoir accompagner un être vers qui il est alors qu'au même moment je suis encore moi-même dans cette recherche pour découvrir qui je suis dans un monde immense où les possibilités d'être soi sont constamment polluées par le climat collectif, les inconscients planétaires et les cycles d'évolution personnelle ! Tandis que j'étais confronté à ça, c'est tout un monde qui de nouveau s'est refermé. Les reproductions sociales, les croyances, les peurs... : je suis retombé dans un tourbillon qui m'a emporté dans les profondeurs du monde des Rêves pour y découvrir une fois de plus sa magie.

L'ÉCRITURE AU SERVICE DE LA SAGESSE

Un matin, en méditant très tôt, je me laissais guider par l'écriture automatique. Je ne sais pas si c'est un exercice que vous faites, mais il est très intéressant par moments d'écrire ce qui nous passe par la tête, de laisser la main bouger sans contrôler. Parfois l'esprit entre deux mondes se connecte à notre essence profonde, à notre âme et les messages qui en ressortent sont toujours d'une grande sagesse et d'une grande aide. Ces rendez-vous sont des rencontres avec son âme.

L'écriture automatique

L'écriture automatique est un exercice très utile pour mettre sur le papier ce qui se passe en nous. Commencez simplement par lâcher prise et ne cherchez pas à écrire quelque chose de beau ou qui vous paraît bien écrit, intéressant. L'idée est de se connecter au mental, de le laisser prendre la parole et d'observer ce qui se passe. Cette pratique peut être magique et faire émerger en vous des instants, des messages, des compréhensions très subtiles. Laissez vous guider, écrivez tout ce qui vous passe par la tête et, au bout d'un moment, peut-être que tout s'alignera et que vous comprendrez mieux ce qui se passe en vous.

Un matin donc, je reçus des messages du maître des Rêves qui venait me guider dans mon périple, et j'écrivis :

C'est un tout nouveau programme qui maintenant s'est activé en toi. C'est toute la mémoire du passé que tu devras déconstruire. Cette structure viendra révéler ce que tu as laissé de côté et te forcera à te centrer sur ce que tu es. Tu n'as pas d'autres choix que d'être toi, d'honorer ton propre enfant intérieur.

Reprends le contact avec la source en toi et tu y trouveras les clés pour ouvrir les portes de demain et accompagner ton enfant sans te perdre en chemin. Cette nouvelle étape te demandera de t'affirmer au monde avec une grande authenticité. Si tu y parviens, alors, comme un miroir, ton enfant intérieur s'alignera en toi et tu montreras à ton fils qu'il est possible de grandir en étant soi. Se repérer dans le monde, acquérir les codes mais ne jamais oublier au fond de lui qui il est.

Et tu n'as pas d'autres choix que d'incarner cette réalité. Ce serait une grande désillusion pour toi de vouloir inculquer ces valeurs à ton fils et vouloir le laisser être qui il est si tu n'en fais pas de même. Ton enfant est né avec cette connexion à la source. Il sait tout de toi, chaque émotion, chaque pensée ; chaque énergie que tu vis, il la sent. Chaque chose que tu dis en n'étant pas aligné aura moins d'influence sur lui que ce que tu fais, ce que tu vibres, ce que tu es. Sois cette lumière, incarne ta meilleure version, sois vulnérable, fragile, vrai, entier, et communique-lui toujours quand tu as échoué et que tu aurais aimé faire mieux. Sois honnête avec lui, dis-lui que tu apprends toi aussi, trouve l'équilibre dans le sérieux que te demande cette mission et le détachement nécessaire pour que ce soit léger. Tu seras le meilleur repère à offrir à ton enfant. Il n'y a aucun parent parfait. Il n'y a que des chemins, des rencontres, des liens qui l'amèneront à se découvrir lui-même et à relever les défis qu'il s'est proposé de vivre.

Tout ce que tu lui donnes et lui transmets sera très certainement à un moment une croyance, une limite qu'il devra chercher à dépasser ou à reconstruire à partir de ce qu'il est. Tel est le jeu. Alors, quitte à lui donner des repères, qu'ils soient le reflet de ce que tu es vraiment. *Ainsi tu lui enseigneras qu'il peut devenir qui il veut, qui il est. Et qu'il est noble d'être singulier, d'honorer ce qui est en nous, de le transcender pour devenir sa meilleure version.*

Aucune vérité n'est absolue.

Tu n'as d'autres choix que de faire face à ce qui est, accepte chaque étape, accueille tout ce que tu vis et tu en apprendras beaucoup sur toi. Cela te permettra de construire ta vie autour de tes aspirations profondes, d'entreprendre réellement cette quête. Sans ça, tu ne feras qu'errer entre les mondes, perdu dans ton labyrinthe. Si tu veux avancer sur ce chemin d'éveil et construire ton rêve, tu te dois de garder le contact avec ton monde intérieur. C'est un grand défi que de construire son art de vivre, peut-être que cela prend une vie, car tout est mouvant et toi aussi.

Sois à l'écoute de ce qui est important pour toi et construis ta vie autour de tes piliers. Toi et toi seul peux savoir ce qui est bon pour toi.

Chaque instant est un rituel
dans lequel se cachent tous les secrets
toutes les réponses, toutes les merveilles
que tu ne peux imaginer.

Chaque instant est une invitation
à la présence hors des pensées.
Chaque instant est une méditation
qui te ramènera à ce lieu sacré.

NOS DÉFIS FONT SURGIR NOS RESSOURCES

Ces quelques mots ont mis du temps à être intégrés tant ma « crise de la paternité » a été profonde et intense. Il s'agit d'un travail que j'essaie encore aujourd'hui de mettre en place et toute ma vie sera très certainement une recherche.

La parentalité nous conduit facilement à tomber dans les normes, les cases où on reproduit ce que le monde fait, par sécurité, parce qu'on ne sait pas comment se repérer, alors on suit, on subit. Ce même monde dont on connaît les limites, les échecs en termes de réalisation personnelle, de bonheur, de respect de l'humain, de la femme, de la terre. Ce même monde qu'on a fui et auquel on ne croit plus continue pourtant d'avoir une influence immense sur nous. Ma naissance à la parentalité a été une grande leçon qui m'a guidé vers l'humilité, la résilience et l'abnégation !

Encore une fois, comme si tout était parfait, les défis nous amènent à découvrir en nous les ressources que nous n'imaginions pas avoir, afin de poursuivre la route vers notre rêve de funambule. Nous n'avons pas tous le même parcours et nous rencontrons des difficultés différentes, propres à notre évolution, mais je crois que les choses qui nous arrivent sont là pour nous apprendre, nous faire grandir et surtout nous montrer que nous en sommes capables.

Le chemin des Rêves a pris à partir de cette époque une dimension toute nouvelle pour moi, ç'a été le point de départ d'une réorganisation de ma vie et de la création d'une réelle vision de mon rêve : l'envie de créer un art de vivre.

LA CRÉATION DE SON PROPRE ART DE VIVRE

Plus que nécessaire, c'était vital de créer un espace, un sas de décompression pour comprendre ce qui m'arrivait. J'ai commencé à mettre en place des routines de vie. Me lever très tôt pour avoir du temps seul, écrire, méditer, m'étirer et créer des rendez-vous de solitude avec mon enfant intérieur. J'ai commencé à me synchroniser, à rencontrer des gens qui se mettaient dans cette même volonté d'art de vivre.

Ce qui est beau avec cette idée, c'est qu'on peut vraiment imaginer chaque chose du matin au soir en passant par tous les rendez-vous incontournables d'une journée et y mettre de la conscience. Là sont tout l'intérêt et la magie d'une vie ritualisée.

On peut imaginer alors ritualiser les semaines, puis chaque saison, chaque cycle, chaque année et y mettre ce qui compte pour soi, créer un maximum de repères, des points d'ancrage où l'on va se retrouver avec soi pour approfondir sa connaissance de soi-même, retrouver la paix, la compréhension, et cultiver ce lien avec la beauté, la créativité, la douceur, avec la source de tous nos rêves. Cela nous permet de nous recueillir et de poser les intentions que nous portons, de visualiser ce que nous voulons être et ce que nous voulons vivre.

Peut-être en êtes-vous à ce stade, peut-être n'êtes-vous pas parents, mais peut-être êtes-vous également en train de chercher à créer cet art de vivre fondé sur ce qu'il y a de plus vrai en vous. De la façon dont vous vous levez à comment vous voulez vous coucher. Comment vous nourrissez votre corps, votre esprit... Créez une activité autour de ce qui vous passionne, ayez du temps libre... Il existe une infinité de possibilités et de raisons qui poussent à vouloir optimiser son quotidien et à prendre le pouvoir sur son rêve.

Il s'agit à cette étape de réellement se poser la question de ce qui est bon pour soi et de ce qui a réellement du sens, de ce qui vibre en soi et fait partie des choses incontournables que l'on veut intégrer ou enlever de sa vie, et prendre chaque instant choisi comme un réel rituel que l'on se propose de vivre. Il s'agit de mettre en place des repères de plus en plus stables avec soi-même pour se connaître de mieux en mieux et continuer le chemin, se sentir capable de faire face à l'inconnu de nouveau, accepter de ne pas savoir, se concentrer sur ce qui nous fait du bien. Garder ces moments de connexion à soi le plus souvent possible pour continuer de déjouer les pièges et faire face à ce qui nous détourne bien souvent de nous : la peur !

LA PEUR

La peur a de multiples facettes et prend des formes différentes pour se cacher bien souvent derrière chaque limite, chaque croyance qui nous empêche de devenir qui nous sommes. La peur du vide, la peur de décevoir les autres, la peur d'échouer, la peur qu'on nous regarde, la peur que ce soit trop grand ou pas assez... Chacun a certainement un rapport particulier avec la peur, mais nous l'avons en commun. Elle nous malmène, elle nous fige, elle nous enferme dans le labyrinthe du monde des Rêves.

Et pourtant, elle n'est qu'un artefact de plus dans le monde des Rêves, une perception erronée de la réalité. La peur, quand on regarde ce qui se passe réellement à l'intérieur de notre monde des Rêves, devient une opportunité de se transformer.

Le chemin des Rêves nous amène à vivre ce qu'on n'aurait pu imaginer. Parfois ces instants sont magiques, hors du temps et nous relient à la source : des cadeaux de l'univers, des rencontres, des révélations, des bonheurs éphémères, le sentiment de gratitude d'être en vie et d'être soi. Puis il y a aussi les défis, les passages d'ombres, l'expérience de la polarité négative. Comme si pour poursuivre son ascension il était nécessaire de comprendre et d'intégrer totalement cette dualité, on rencontre parfois sur son chemin des rites de passage, des moments où tout s'assombrit, tout devient flou, difficile.

UNE NOUVELLE VISION

Alors que nous sommes en pleine réactualisation de notre rêve, ma compagne commence à repenser à l'idée de nous installer de nouveau à Paris pour retrouver une vie plus équilibrée. Le grand rêve utopique nous a coupés du monde, coupés de nous-mêmes. Le grand rêve de la nature était devenu trop extrême, trop exigeant.

Pour moi, intérieurement, c'est le flou total, je ne comprends plus rien à ma vie. Je ne sais plus ce qu'il y a à faire, qui je suis. C'est dans cette atmosphère de chaos intérieur que j'ai une nouvelle vision.

Celle-ci m'amène à la frontière entre deux mondes. Les portes de demain sont là face à moi, ouvertes et je sens une certaine vibration dès que je m'en approche. Une sensation électrique irradie mon corps, quelque chose d'assez inconfortable, de désagréable. Pourtant le monde derrière les murs est immense, lumineux et je sens en moi une réelle envie de m'y engager. **Mais impossible d'avancer, je suis incapable de bouger. Je reste là, spectateur, passif, divisé, figé, tétanisé, incapable de prendre une décision.** J'ai l'impression de voir le reflet de ma situation dans le monde symbolique.

LA PEUR

La lumière derrière les murs est l'appel profond du cœur, le rêve, la version de moi qui m'attend et me demande d'avancer, mais les murs m'en empêchent. Sur ces parois se projettent sans fin des scénarios, des détails, des visualisations, je me vois en train de peser le pour et le contre, je cherche à améliorer la vision de mon rêve, à le réactualiser sans cesse. Je suis enfermé dans des couches de rêves sans fin, de détails qui peu à peu m'enferment totalement dans une hypnose qui m'empêche de prendre une décision, de passer à l'action.

Je me vois tourner en rond dans le jardin, dans mes rêves, à construire, à dessiner, à projeter et à imaginer toutes ces choses. **J'ai rêvé si grand que la lumière du rêve m'a ébloui, et m'empêche d'avancer, je ne sais plus par quoi commencer. Et plus je doute, plus je cherche à maîtriser, à planifier, à imaginer les détails du chemin qu'il faudrait prendre pour passer cette frontière, alors que la porte est là devant moi.**

Je suis absorbé, fasciné par ce décor qui défile sous mes yeux. Soudain je sursaute, une compréhension me traverse comme si je faisais un pas en arrière et que je voyais l'envers du décor. Les mots du maître des Rêves apparaissent sur les parois.

La lumière des grands rêves fait peur autant qu'elle attire, elle impressionne, elle éblouit, car on y voit toute la beauté de ce que l'on pourrait devenir. Et on y voit le vide, l'immensité entre ce que l'on est dans l'instant et ce qu'il y a à vivre pour se transformer et devenir cette nouvelle version. Mais cette force, tu l'as en toi. Cette lumière qui brille au loin t'appartient, à toi, elle n'est qu'un souvenir de ce que tu es venu vivre.

La peur sera toujours là sur le chemin. Elle deviendra ton alliée si tu apprends à dompter la sensation qui te parcourt quand elle s'active en toi. Elle est un précieux repère qui t'indiquera quelque chose de bien plus grand que ce que tu peux imaginer.

Si tu lui tournes le dos et te détournes, alors sur les murs de ton monde se projettera l'ombre de ton rêve, et si tu ne lui fais pas face, que tu renonces, alors il se recréera un monstre qui prendra toute ton attention, ton énergie pour te dévier de qui tu es. Fais face à cette sensation d'inconfort et défie-la, joue avec elle, avance. Le grand rêve que tu vois n'est qu'un souvenir de toi.

Et si la peur est trop grande
et que le monstre est immense,
fais face au miroir et rends-toi à l'évidence.
Cette peur que tu sens, qui t'effraie, qui t'abîme,
ce vide qui t'aspire au plus profond des abysses,

cette ombre qui se projette
et qui te montre du doigt,
tout est là pour t'inviter
à voir ce que tu ne vois pas...
Elle n'est qu'un reflet
et ta plus grande opportunité.
Elle t'invite à jouer et à devenir ce que tu es.

Souviens-toi, la peur est liée à l'inconnu et l'inconnu te guidera jusqu'à toi, il est ton chemin de retour à la source. Ton rêve et le chemin qui y mène se trouvent dans cet espace que tu ne connais pas. Bien plus vaste et bien plus grand. Derrière ces limites, il y a un monde qui t'attend. Toi qui cherches à découvrir qui tu es et à réaliser tes rêves, tu n'as pas d'autres choix que de faire face à cet inconnu. Il ne peut rien t'arriver, juste découvrir qui tu es.

Souviens-toi autant de fois que tu peux.

Il n'est aucune barrière
à part celles que tu te crées.
Aucune limite, aucune frontière
juste une succession de réalités.

Et l'univers sera d'une grande générosité
si tu te mets à jouer, à danser avec la vie
et à en braver les dangers.
Tout n'est qu'un rêve, une illusion
qui se crée dans ton esprit.

Comme par magie, c'est toi qui décides d'en changer les perceptions. Cette peur est ton amie, elle t'amènera là où tu désires aller. Pour te transformer et retrouver ton île, et ce grand rêve que tu as fait.

Passe les portes et tu changeras de peau. *Se rapprocher de la frontière entre les mondes crée une tension entre ton ancienne version et la nouvelle. Abandonne-toi à cette mutation, vis cette transformation et tout l'inconfort qu'elle contient. Abandonne-toi à cette sensation, suis l'appel, car chaque résistance te fera souffrir et retomber dans les profondeurs de ton labyrinthe.*

Ces mots me font voyager dans mes souvenirs, à l'époque où j'ai commencé à jouer de la guitare et à la manière dont la scène m'a sauvé. Je m'étais construit depuis tout jeune sur une image, une étiquette sociale de timide. J'avais donc peur d'être face aux autres. Sauf dans l'intimité, dans le cadre familial, où je jouais parfois au clown. Mais l'exposition sociale, face aux filles ou au tableau à l'école, était un supplice. J'étais terrorisé, la peur me trouait le ventre, me rendait littéralement malade. Et je suis passé par énormément de situations désagréables simplement en validant cette croyance, cette étiquette de timide.

RETOUR SUR LE PASSÉ

Et là, dans ma vision, je revoyais tout. Tout s'alignait. Cette structure, je l'avais fait tomber plus d'une fois en affrontant la lumière qui m'appelait. À 20 ans, j'avais commencé la guitare, seul, dans l'ombre de ma chambre et, comme un déclic, je m'étais lancé trois ans après sur de petites scènes. Plus tard un peu plus grandes, puis la rencontre et l'histoire avec Jérémy Frérot, avec qui on a joué à Bordeaux devant 25 000 personnes pour notre dernier concert. Quand je revois tout ce parcours, je me demande comment on peut être timide et monter ensuite sur scène devant autant de monde.

Et là, dans un flash, dans cette vision, je me rends compte en regardant la totalité de mes souvenirs que cette timidité, cette peur d'être regardé, exposé n'était en réalité que l'ombre d'un désir profond d'être regardé et de m'exposer aux yeux du grand public ! Cette tension, cet inconfort que je ressentais et qui me tétanisaient n'étaient que ma résistance à l'appel intérieur de mon autre version, celle qui m'attendait là juste derrière les limites, les croyances que j'avais validées inconsciemment. Tout s'aligne alors dans mon esprit et je me revois dans l'enfance, seul dans ma chambre, répétant devant le miroir et me voyant sur scène en secret, m'imaginant à cette place qui me fait peur. Sans le savoir et sans le préméditer, j'étais en train de me préparer à cette mise en lumière qui arrivera dix ans plus tard.

Je voyais d'un coup l'effet miroir, le paradoxe du monde des Rêves. Cette lumière qui effraie est la lumière des grands rêves. Celle qui nous révèle notre potentiel. Cette timidité n'était rien d'autre qu'une envie profonde de me montrer. Mais le juge intérieur, le mental en action, était trop exigeant. L'envie d'être dans la lumière était très grande, mais ma construction intérieure de timide m'empêchait de vivre et de me libérer de ce poids.

Jusqu'au jour où la bascule s'est faite. Et de manière très naturelle, l'enfant intérieur, le même qui répétait devant le miroir, l'enfant libre, celui qui vibre et qui pousse à l'action, m'a indiqué le chemin. Seul, je suis allé acheter une guitare, sans conseils, sans être accompagné : l'enfant timide qui avait peur de la lumière s'est mis sur ses pieds ce jour-là et j'ai appris la guitare dans ma chambre, face à ce même miroir. J'ai commencé à compter les cases, les cordes, à positionner mes mains, à écouter, à ressentir. J'ai eu mal aux doigts, j'ai mis du scotch, j'ai souffert, j'ai passé des heures face à moi-même à sentir que c'était ce que je voulais faire là tout de suite et à chaque instant. Sans le savoir je me rapprochais de mon état de rêveur funambule en acceptant de jouer avec la vie et de dire oui, je m'offrais des instants de liberté, de découverte de mes capacités.

Je chantais, je jouais et j'apprenais, je reprenais des chansons, je m'amusais à rêver que j'allais un jour faire des concerts. C'était une passion naissante. Trois ans après, je maîtrisais à peine mon instrument et ma voix, mais sans savoir ni comment ni pourquoi j'avais l'audace de publier des reprises en anglais « yaourt », et de m'exposer dans des bars pour des « jam-sessions », je n'avais peur de rien. Comme hypnotisé, sous l'emprise de cette force qui pousse à changer de direction et à être qui on doit être.

L'union avec Jérémy n'a fait qu'amplifier ce désir et le succès qui nous a accompagnés dès le début était une confirmation. En l'espace de trois ans, j'étais passé d'un timide anonyme sous l'emprise de la peur à un réel leader qui sait où il veut aller, et qui se montre, se vend. On allait voir les bars avec nos guitares et on leur chantait nos chansons face à face pour les convaincre de nous faire jouer. **Suivre l'appel, écouter la voix intérieure m'a à ce moment-là libéré d'un poids énorme, immense.**

CE QUE LA PEUR NOUS RÉVÈLE

Et aujourd'hui, dans cette vision du monde des Rêves que je vivais, je comprenais enfin ce qui s'était passé. Sans le savoir, j'avais fait face à une peur non pas en la combattant et en luttant, mais seulement en m'armant d'une envie profonde de jouer avec la vie, de vivre dans l'instant, d'honorer cet enfant intérieur et d'écouter mon cœur vibrer.

La peur nous amène à révéler qui nous sommes. Notre plus grande peur est certainement notre plus grand désir. Elle crée les remparts qui nous empêchent de voir qui nous pourrions être. Puis quand on la regarde dans les yeux, qu'on se jette dans le vide, sans chercher à savoir où on va aller, alors se créent des ponts, des connexions magiques qui nous mènent vers de nouvelles histoires, de nouvelles réalités ; des portes s'ouvrent et nous invitent à continuer à jouer. En se connectant à cette peur, on se connecte à son enfant intérieur, à sa présence, et alors tout s'aligne. Quel paradoxe, mais quelle magie !

La tension avait été si grande durant toutes ces années que le jour où j'ai franchi la frontière, une succession de portes se sont ouvertes devant moi. Cinq ans après avoir commencé la guitare, je signais avec Universal Music et jouais sur les scènes parisiennes, dans des festivals en Belgique, payés, avec mon pote, face à des gens heureux de nous découvrir. Tout était fragile, tout était bancal, mais on était « accompagnés », l'appel était très grand. **À chaque pas, une porte s'ouvrait vers un nouveau défi, plus grand, plus fort, jusqu'à « The Voice », la télé, les médias...** Dans ma tête il n'y avait pas de peur, pas de doute, juste une rencontre avec une partie de moi que je ne connaissais pas.

SORTIR DE SA ZONE DE CONFORT

La vision se poursuivait et je comprenais que cette structure de la peur s'était déguisée de nouveau pour m'amener à créer une ombre, un monstre intérieur qui prenait le contrôle de mon monde des Rêves. Je devais faire face à cette lumière du grand rêve et avancer face à elle, même si je ressentais une sensation désagréable.

«*Respire profondément*», me dit le maître des Rêves. *Écoute et ressens entièrement cette sensation monter en toi. Accueille-la entièrement, n'y résiste pas, elle est ton passe-droit pour accéder à ce nouveau monde qui t'appelle. Va chercher dans les plus petits détails ce contact avec l'instant présent et observe ce que tu ressens, tu verras la force de l'énergie de transformation. Laisse-la te prendre par la main et aventure-toi avec elle. Vis cette intensité comme une émotion qui te traverse et qui est là pour t'aider à te transformer, à changer de peau. C'est ainsi que tu pourras reprendre ton pouvoir.*

Sois cette présence et fais face à ce que tu ressens. Il ne peut rien t'arriver, juste tomber dans une autre version de qui tu es. Éduque ton mental à jouer avec cette peur et à l'affronter. Joue à te faire peur, défie l'espace, prends de la hauteur, suis ton enfant intérieur, il te fera reprendre le contact avec l'aventurier qu'il y a en toi.

Il te fera sortir de ta zone de confort pour vivre l'intensité nouvelle de la découverte, aussi petite soit-elle. Tu sentiras l'inconfort, puis l'adrénaline, l'enthousiasme de te confronter à toi-même. Tu en ressortiras vivant comme jamais. Cultive cette énergie en toi, inclus-la dans ton art de vivre et peu à peu elle te guidera vers ce que tu es toi. Tu relèveras les défis qui jusqu'ici te faisaient peur. Souviens-toi, tout n'est qu'un jeu !

Il n'y aura jamais de mauvais choix, de mauvais chemins, juste quelques détours qui te feront grandir, apprendre, comprendre et t'aligner sur ce que tu es vraiment.

Peut-être avez-vous vous aussi vécu ce rapport à la peur et vous êtes-vous révélé à vous-même en la dépassant ? Peut-être que vous aussi êtes devenu ce que jamais vous n'auriez imaginé être. La peur est une alliée qui nous amène à nous rapprocher de notre rêve profond. Elle est un lien fort entre ce pour quoi vous êtes fait et ce qui vous fait le plus peur. Où que vous en soyez, je ne peux que vous encourager à suivre ce chemin et vous inviter à faire le pas. Cet acte vous transformera et fera de vous un témoin de la magie de la vie et de votre propre monde des Rêves. Cette expérience vous fera certainement grandir et évoluer vers votre état de rêveur funambule. Alors vous participerez à ce grand mouvement, cette grande danse où chacun devient la source d'inspiration de l'autre en étant tout simplement qui il est.

Se rapprocher de soi, cultiver l'instant présent, déconstruire chaque structure pour peu à peu se découvrir derrière les voiles et l'illusion du temps : cette dynamique et cette quête de mes rêves m'amenaient peu à peu à construire mon art de vivre, dont la direction devenait de plus en plus claire. Chaque révélation consolidait ma foi et l'envie d'avancer.

Après cette vision, je sortis peu à peu de l'état de crise dans lequel j'avais été. Je remis du sens dans mon projet en décidant d'affronter cette peur et d'honorer ce pour quoi je suis fait : revenir dans la lumière, mais différemment, assumer et faire face à cette envie d'écrire ce livre, parler vrai, chanter mes chansons, dessiner et partager mon univers.

À partir de là, je suis entré dans une nouvelle dimension du monde des Rêves. Chaque fois que je me libérais un peu plus des mondes d'en bas, j'intégrais la notion de dualité dans mon rêve et réactualisais ma vision. J'avais la sensation de toucher du doigt l'alignement parfait. Faire corps avec ce que je suis m'a amené de nombreuses fois à vivre des expériences et des états de conscience élargie où l'ensemble de ma réalité changeait totalement. Des états proches de celui du funambule. Des instants magiques où tout s'aligne, où tout prend sens, des états dans lesquels on se sent être le funambule de son rêve.

Je le vivais désormais souvent, cet état : la créativité reprenait sa place en moi, au jardin, dans mes chansons, dans les premières lignes de ce livre, l'idée d'un festival... Je sentais enfin le réalignement intérieur, la vision du rêve redevenait claire. Je savais qui j'étais, je connaissais les pièges dans lesquels je ne voulais plus tomber. Et pourtant...

LES RITES DE PASSAGE

UN CHEMIN D'INITIATION

Sans comprendre pourquoi, j'ai vécu une série de longues périodes de brouillard, d'incompréhension, de perte de sens, de dépression. J'avais beau suivre ma routine de vie avec mes rendez-vous de méditation, de soin du corps et de l'esprit, me lever tôt, je perdais le contact avec une partie de moi. Je suis passé par des moments de fièvre, de douleurs physiques, des sortes de rites de passage dont je ne comprenais pas du tout l'origine. Parfois l'état n'était pas extrême mais juste latent, entre deux mondes, j'étais comme hypnotisé par une énergie qui me faisait vivre simplement un mauvais moment. Une traversée de la nuit noire, dans des tunnels de l'existence.

L'hiver était là, la rudesse de la forêt se faisait ressentir. Cette saison m'amenait souvent à me plonger profondément en moi et à vivre ce qu'il y a de plus sombre, de plus enfoui. Comme si chaque saison nous amenait à révéler la poésie qui vit en nous. Moi qui rêvais d'un printemps éternel, je vivais là les moments les plus sombres de ce nouveau rêve, la perte de vitesse, la perte de sens.

Comme une invitation ce matin dans le ciel

Un matin frais, poussé par l'appel, je sortis au petit jour, porté par l'envie de vivre cette magie qui me manquait tant et par celle de pouvoir enfin me réaligner, de comprendre ce qui m'arrivait. Les arbres nus laissaient entrer cette lumière si particulière. Je sentais une profonde excitation à l'idée de m'aventurer dans le froid matinal et d'y retrouver ce que je cherchais depuis si longtemps.

Comme une invitation ce matin dans le ciel, dernière représentation de notre astre Soleil : quel privilège que d'être au premier rang, aux premières lignes de ce spectacle universel, et de sentir que je vivais là un moment d'exception ! Quelle joie de faire partie de la scène, d'en être un acteur, un amant, un spectateur, de pouvoir vivre cet instant, de faire corps, cœur à cœur hors des griffes du temps. Quel honneur ! Tout excité, comme un enfant, le sourire aux lèvres, je m'empressai de trouver ma place, l'endroit le plus prisé, caché derrière des buissons, là où aucun humain ne passe et n'ose s'aventurer. Je me fis tout petit pour trouver la magie. Je me faufilai entre les mailles de la forêt en me laissant guider par cette invitation.

Et là, j'étais face à cette danse cosmique... Le soleil perçait les lignes de pins et venait déposer sa douce chaleur sur mon visage. Je pris conscience de la dimension de ce qui se vivait sous mes yeux. Je ressentais la joie profonde d'être un témoin, ici et maintenant, de faire partie de la confidence de ces grands instants.

Je me mis à penser à cette lumière qui nous invite à tout stopper, à nous ouvrir à un ailleurs que personne ne connaît. Cette lumière qui nous vient de si loin. Je pris conscience de la vitesse à laquelle elle nous percute, de cette grandeur inouïe qui sur nous se dépose telle une caresse et vient graver au plus profond de notre être ce message chaleureux pour les prochains matins brumeux. Une sensation de grande lenteur venait défier le temps. Tout changeait à chaque instant, et pourtant tout était là en suspens.

J'étais heureux, simplement heureux d'être là. Une profonde émotion me faisait monter les larmes aux yeux. Comme un remerciement de tout mon être pour cet instant si précieux. Pour toutes ces fois où j'avais cherché à retrouver ce sentiment de paix. Pour toutes ces fois où, perdu dans les profondeurs de mes pensées, submergé par la peur, le doute, le brouillard, j'avais perdu foi en cette paix.

Mais ce matin-là, sans raison particulière, je la sentais. Je m'entendais dire tout bas « Merci, merci, merci » et répéter en silence ce mantra. « Que dure cet instant, qu'il dure infiniment. J'en fais le vœu ici et maintenant. Je fais le vœu de toujours y voir clair, de tenir la distance, de suivre cette lumière et faire partie de la confidence. »

Je prenais conscience à quel point les plus grandes choses de ce monde, les plus grandes œuvres, les plus grands miracles, ceux qui donnent vie à notre existence, étaient devenus des banalités : le soleil, le ciel, les couleurs, les saisons, les cycles. Je me rendais compte à quel point on accepte toute cette grandeur sans jamais s'interpeller sur sa beauté et la réelle magie de ce qui s'y passe. Notre monde des Rêves nous restreint dans une réalité fermée, une illusion éloignée, divisée, de tout ce qu'il y a de plus vrai. Pourtant la clé était là, je la sentais, je la voyais de mes propres yeux.

Une profonde souffrance

J'étais heureux et, les yeux clos, je partis dans une nouvelle vision. Je me voyais perdu dans le labyrinthe du monde des Rêves, assis recroquevillé sur moi-même, face à de grands murs. Leur forme était mouvante et ils se refermaient sur moi. Je ressentais une profonde tristesse.

Comme chaque fois, je devinais qu'il y avait un message à déchiffrer. Là, devant moi, les symboles, les couleurs dansaient et créaient cette atmosphère dense. J'étais seul, le maître des Rêves n'était plus là, en tout cas je ne l'entendais pas.

J'avais l'impression de voir mon enfant intérieur, la version de moi-même en plus petit, fragile, accablé par l'incompréhension du monde, la peur, le désespoir de ne jamais pouvoir sortir de cette impasse, je me sentais sombrer dans une profonde dépression, une grande tristesse face à cette perte de sens. J'étais incapable de comprendre, de faire face ; sortir de cette impasse semblait impossible. Comme s'il y avait un passage obligatoire, comme si c'était une étape à vivre pour continuer le chemin. Mais là, je n'avançais plus, j'avais perdu cette clé qui ouvre les portes d'ailleurs ; je ne voyais aucune porte. Aucune technique ne fonctionnait et tout le pouvoir que j'avais acquis dans ma nouvelle construction semblait inutile, trop fragile et tombait peu à peu dans l'oubli.

Je revivais tous ces moments où je perdais le contact avec la vie, le plus souvent sans saisir l'origine de ces passages sombres. J'étais plongé dans l'univers symbolique de ce que je vivais depuis des mois, ces trous noirs de l'existence où la seule chose à faire était de se réfugier dans l'instant et s'abandonner à la douleur, d'attendre, de prier, de lâcher prise, de s'aventurer dans les profondeurs obscures de l'expérience. Pour comprendre là où la vie voulait me faire aller.

Ces instants me faisaient réellement penser à des rites de passage, comme s'il y avait un chemin d'initiation à la douleur, à la perte de sens, au chaos, une porte de validation obligatoire à affronter pour passer à la suite. Je me souvenais de l'inconfort de ces voyages et aussi du réconfort profond que je sentais quand la vague passait, quand la lumière revenait et que soudain tout reprenait sens.

La remémoration de tout cela créa une sorte de lâcher-prise. **Je me rendis compte à quel point la souffrance venait de ma propre résistance à ce qui était.** La non-acceptation de ma réalité et l'impasse venaient activer la peur et le réflexe de résistance, de lutte et finissaient par créer un mal encore plus intense en moi. Et là, en un instant, je lâchai prise et symboliquement je perçus une image très claire. Je voulais avancer vers un ailleurs mais perpétuellement je m'accrochais encore et encore à des réalités anciennes. Je voyais mes mains s'accrocher au passé, à de vieilles versions de mon existence. Cette lutte était là en moi et l'inconfort que je sentais était lié à cette tension entre deux versions de moi qui me divisaient entre le passé et le futur potentiel. Le présent n'était plus là pour me sauver. J'étais perdu entre deux mondes.

Je me rendis compte à quel point la douleur, la tristesse, la dépression peuvent nous amener dans des profondeurs de notre être que l'on ne soupçonne pas. Mais je sais aussi à quel point je ressens de la joie chaque fois que je sors de ces trous noirs. Comme s'il fallait souffrir, être perdu pour enfin se délivrer et goûter de nouveau à la joie profonde d'être en vie.

Touché en plein cœur

Le maître des Rêves apparut alors devant moi, je sentis un profond réconfort et un souffle de légèreté me plongea en extase. J'eus la joie de retrouver une partie de moi, et de sentir l'énergie et la force de faire face à une nouvelle étape. Je sentis dans sa présence comme un soutien maternel, paternel, les yeux fermés je pouvais apprécier la chaleur de son énergie, il se rapprocha et me dit :

Il y aura des moments où tu ne sauras plus.
Perdu dans le brouillard et dans l'obscurité
enfermé dans les pièges de ta pensée
tu chercheras la porte mais tu ne la verras plus.

Sur le chemin des Rêves, tu n'auras aucun repos
toi qui rêves en grand de monter tout là-haut.
Pour devenir un funambule,
le maître de ton Rêve,
il n'est aucune pause, aucun répit, aucune trêve.

Il te faudra faire face à toutes les crises,
aux grands défis et à chaque page.
Il te faudra faire face au vide
à chaque rite de passage.

Accepte ton sort et ne crains rien
chaque petite mort fera renaître
un nouveau jour, un lendemain
une autre version de tout ton être.

Un peu plus forte, un peu plus vraie
un peu plus proche de ce que tu es.
Suis la cadence, suis le tempo
écoute cette danse qui vient d'en haut.

Elle t'enseignera avec justesse
qu'il est un temps pour chaque chose
qu'il est une beauté, un jour de liesse
si tu acceptes la vie et oses.

Voguer le long de cette rivière
t'abandonner en son lit calme
te laisser guider par l'univers
et faire confiance à ton âme.

Telle une claque qui sort du sommeil, ces mots venaient me frapper en plein cœur. J'ouvris les yeux et j'en compris le sens avec une toute nouvelle profondeur. Comme si l'expérience sombre m'avait permis de gagner une meilleure visibilité.

ET TOUJOURS, LA QUÊTE DU BONHEUR

Cette réalité de la dualité, j'en comprenais une nouvelle dimension et à quel point elle amène toujours à créer le changement, comme si la tension intérieure n'était que le reflet d'une partie de moi qui m'appelle à l'aventure hors des limites du monde connu. Pour encore et toujours continuer cette quête, ne jamais s'arrêter, poursuivre le mouvement, repousser les limites. Je me rendais compte des pièges dans lesquels je m'étais moi-même enfermé.

À chaque nouvelle croyance, je m'étais de nouveau tendu un futur piège. Celui de penser que la quête de mes rêves serait un chemin de joie et que le bonheur et la légèreté seraient l'unique réalité dans ce périple. **Je pensais avoir compris suffisamment de choses pour ne vivre que du côté positif. J'avais encore une fois segmenté le monde en deux et ces croyances n'avaient fait que créer en moi une bombe à retardement.**

Projeter, espérer, semer chaque jour et attendre un résultat m'avait tout simplement séparé de ce qui était là. J'étais séparé de la vie et plongé dans un trou noir de déception, de frustration, de tristesse, de perte de sens et d'incompréhension.

Je cherchais à construire la vie parfaite, l'art de vivre du rêveur tel que je l'imaginais : me connecter à mon enfant intérieur, méditer, m'alimenter sainement, créer une routine de vie idéale, etc. Je pensais que le chemin des Rêves serait une dynamique positive constante, une fois mon éveil activé. Je pensais que la spiritualité était un choix, une dynamique de joie, de bonheur, et que le chemin à la rencontre de soi me rendrait heureux. Là était mon piège. Attendre quelque chose de ce chemin était en quelque sorte me replonger dans les mondes d'en bas, où l'on attend de l'extérieur la complétude.

Derrière chaque chose

La vision se poursuivit, les yeux fermés j'accueillais ces nouvelles révélations. Dans ma tête, la voix du maître des Rêves résonnait :

Se découvrir est une chance exceptionnelle. Bien au-delà de ce que tu imagines. Vivre aligné sur soi et grandir en apprenant à se connaître est un cadeau immense que tu te fais et que tu fais au monde. Chaque expérience te permettra d'intégrer cette réalité profonde de la dualité et d'en faire jaillir une nouvelle conscience en toi. Elle t'amènera à approfondir le regard que tu portes sur toi-même et à découvrir des ressources que tu n'imaginais pas. Connecte-toi à ce qu'il y a de plus grand, de plus petit et tu y trouveras à chaque pas un peu de lumière qui deviendra ton repère quand tout s'assombrit.

Le sentiment d'être heureux est quelque chose de mystérieux qu'il est difficile de maîtriser, mais tu dois en capter l'essence dans les moindres choses, t'en nourrir, te délecter de chaque petit instant que le chemin t'amène à vivre. La nature t'offre à chaque instant les ponts pour retrouver le chemin qui mène à ce que tu es au plus profond de toi. Ne sois pas si anxieux, si impatient, si exigeant. Respire chaque instant avec gratitude. Regarde la chance qui t'est donnée. Courir, tomber, sourire, pleurer : c'est une grande danse que tu te dois d'honorer pour en percer tous les secrets.

En découvrant qui tu es, tu te plonges dans le flot de la vie. Tu honores ce pour quoi tu es là et tu te connectes à ce qu'il y a de plus grand. Mais tu fais erreur en pensant que cela t'apportera le bonheur. Le bonheur est conditionné par ton mental, il n'est pas le résultat, la finalité. Il n'y a pas de résultat, pas de fin, c'est un chemin bien plus ambitieux que tu entreprends.

Partir à la découverte de qui tu es, c'est en quelque sorte s'ouvrir à un monde que tu ne connais pas. Pour retrouver les traces du chemin qui mène à ton île, tu n'as pas d'autres choix que de t'aventurer là où personne n'est jamais allé, et de regarder au loin et au plus profond de toi. Ne cherche pas à avancer en regardant derrière, dans les vieux souvenirs d'hier, tu n'y trouveras aucun repère. Ce qu'il y a à découvrir n'existe pas dans ta mémoire, c'est un souvenir de demain, gravé là dans ton âme et dans ton cœur. Ces expériences de la dualité des mondes d'en bas te permettront de grandir et te donneront la force d'avancer seul. Car ce chemin est plus que jamais un chemin qui se fait en solitaire.

Aventure-toi, ouvre-toi, écoute-toi, tout est déjà là en toi. Ne projette rien, ne crée aucune attente sur ton chemin. Reste attentif et plonge-toi dans les petites choses de la vie, celles qui te connectent aux grands instants de présence. Dans ces petites choses résident les plus grands repères dont tu as besoin pour continuer le chemin.

J'étais toujours enfermé mais l'esprit léger, serein, en paix. Une nouvelle étape venait de se terminer et dans tout mon esprit je percevais une nouvelle sagesse. Sur les murs, les symboles et les signes se mettaient à bouger et devant mes yeux ces quelques mots apparaissaient :

Dire merci est un grand acte d'humilité.
Un mot magique qui te relie à ton humanité.
Car quand tu sens la gratitude pour ce qui est,
tu t'inclus dans la vie et en acceptes son trajet.

Tu réécris le cours des choses.
Tu crées de nouveaux espaces.
La vie te livre ses quelques proses
et te délivre de l'impasse.
Elle te dessine un nouveau ciel, à l'horizon,
un paysage.
Un nouveau jour pour toi se lève,
ici se tourne une nouvelle page.

Toi qui rêves de devenir le funambule de ton rêve, tu dois accepter la totalité du chemin. L'ascension se crée nécessairement par un état de crise intérieure qui amène à la tension et tôt ou tard à la résolution, au calme. *Comme une respiration, un va-et-vient, on se perd et on se retrouve, on reprend son équilibre et ainsi on évolue vers les strates les plus hautes de son existence.*

Plus tu résisteras à cette réalité, plus tu souffriras. ***Résister, c'est refuser d'évoluer, refuser d'apprendre.*** *Mais tu n'as pas d'autres choix. Respire aussi profondément que tu le peux, abandonne-toi à cet instant, à ce qui est ! Laisse passer l'orage et entrer la lumière.*

Dans chaque expérience il est un trésor à découvrir, quelque chose de précieux à comprendre qui t'amènera à te transformer peu à peu en ce rêveur funambule.

J'arrivais au bout du tunnel, la fatigue s'emparait de moi, les larmes me montaient aux yeux. J'étais soulagé, enfin je comprenais le sens de toute cette expérience. Les nuits noires, les passages sombres de l'existence viennent révéler cette lumière qu'il y a en nous. Ils nous plongent dans les profondeurs de notre monde pour y découvrir notre propre magie intérieure, être seul face à soi-même et vivre l'expérience comme une opportunité d'élévation.

Cette étape venait me rappeler encore une fois que je ne suis rien, que la vie se joue de moi et que c'est un grand acte d'humilité d'accepter ce qui est et se fondre dans le flot pour en comprendre les plus grands secrets.

Accepter les cycles, le mouvement, m'abandonner dans le flot de la vie et trouver ma place et mon équilibre en chaque chose : je sentais que j'avançais vers une nouvelle étape et je comprenais que ce chemin était sans fin.

CHUTER ET SE RELEVER POUR CONTINUER SON ASCENSION

Cette dernière étape sombre m'avait amené à comprendre que chaque instant est une opportunité pour retrouver cet état de connexion à la source, et que chaque défi est une invitation à retrouver la paix en soi.

Cette phase de doute et d'incompréhension m'avait amené à comprendre que la sagesse s'acquiert en silence, seul avec soi-même. **Pour devenir un rêveur funambule, il est nécessaire de comprendre l'origine de la lumière et que l'ombre permet de la révéler.** Cette étape n'est qu'un rêve qui nous amène à comprendre ce qui en nous n'allait pas, à découvrir en nous des ressources qu'on n'imaginait pas. La lumière est toujours là, elle brille au bout du tunnel. Il y a une version de nous que nous n'imaginons pas, et notre maître des Rêves nous attend là-bas, pour continuer la route vers notre propre sommet. Sortir de cette phase m'a fait déchiffrer la notion de cycle, d'acceptation de ce qui est, même quand on ne comprend pas.

Cette nouvelle leçon du monde des Rêves venait me rappeler que je suis au service de quelque chose de beaucoup plus grand que moi. Plus grand que ma simple volonté de réaliser des choses. Comme si je devais m'ouvrir à ce que la vie voulait créer pour moi et qu'il y avait là dans cet abandon une brèche, une lumière qui brille et qui m'invite à plonger et à devenir ce que je dois être sans lutte, sans acharnement, dans la fluidité. Je commençais à comprendre ce qu'était cet état de funambule. Je m'en rapprochais peu à peu, je le sentais vibrer en moi. La vie est un rêve et tous les chemins m'amenaient à expérimenter sans cesse de nouveaux aspects, comme si cette quête ne s'arrêtait jamais, comme si je pouvais vivre tout et son contraire et y trouver chaque fois un rêve, un rendez-vous avec moi-même, une quête, quelque chose de plus grand qui me pousse, qui m'appelle à avancer, à aller plus loin, à continuer d'explorer.

Les petites morts redonnent la vie en faveur de la vie elle-même

Je me sentais transformé, prêt à m'engager de nouveau dans la quête de mon rêve. Même si je sentais que cette notion de rêve prenait une perspective différente. Je sortais peu à peu de l'obsession de réaliser de grandes choses, de les visualiser, les dessiner, les projeter, les construire après avoir cherché le meilleur itinéraire, le meilleur chemin, la meilleure stratégie pour faire rentrer ce rêve dans ma vie. Je ne baissais pas les bras, non, mais je percevais en moi une nouvelle force, une nouvelle énergie, qui m'amenait à croire de plus en plus aux petites choses. Je sentais qu'il y avait une nouvelle attention en moi, une faculté récente à écouter les appels du cœur, plus que jamais j'avais l'impression que chaque chose vécue était parfaite et me permettait chaque fois de me rapprocher de moi-même. Comme si tout était écrit là depuis toujours en moi et qu'il suffisait de me souvenir de moi-même.

Les portes s'ouvrirent de nouveau, le printemps était là. J'en sentais le parfum, le rythme, le chant de la nature m'appelait. Je me sentais léger, libre de nouveau. Je baignais dans une atmosphère de renaissance. La lumière du printemps m'accueillait et je vibrais de nouveau avec l'envie de créer, d'avancer vers mes rêves. Cette saison si particulière est chargée d'un grand espoir, d'une grande douceur et en même temps d'une grande intensité, d'une énergie incroyable. Tout fleurit, tout renaît, tout reprend vie avec force mais encore avec une sorte de candeur. Après une longue période sombre, c'est le temps des premières fois, les premiers vols d'oisillons, les premières fleurs, les premiers bourgeons… comme un enfant découvre le monde avec des yeux nouveaux. **Le printemps est un appel à la présence, un retour aux sensations, à l'envie de se laisser porter par le mouvement de la nature**, de faire corps avec elle. Observer, contempler, créer, toucher, sentir qu'on est bien vivant. Le printemps est une grande promesse. On se nourrit de chaque chose, de la plus infime à la plus grande. Chaque acte au jardin devient une chorégraphie à laquelle la vie prend part pour nourrir notre corps et notre esprit.

Je sentais cette force prendre vie en moi et l'espoir d'enfin retrouver mon chemin de lumière, de sortir du labyrinthe et d'accéder au sommet de la pyramide pour trouver cet équilibre qui me mènerait à mon île.

Le chemin est le but

Chaque vision du monde des Rêves était devenue de plus en plus proche de ma réalité dans la matière. Je ressentais constamment la présence du maître des Rêves et chaque instant de présence était un nouveau voyage, un nouveau message que je recevais. Je voyais dans mes dernières escapades que je gravissais les échelons, à chaque défi, à chaque rêve que je réalisais et à chaque étape de compréhension ; j'arrivais un peu plus haut, un peu plus proche de moi. Je montais vers le sommet de cette pyramide. Mais je sentais qu'il me manquait quelque chose pour arriver à mon île, que des croyances me limitaient encore, une résistance me retenait de passer au niveau du dessus, une sorte de frein qui ne m'empêchait pas de vivre mes rêves mais de vivre la paix totale et de m'aligner sur mon état de funambule, celui que j'avais senti près de l'arbre aux Rêves. Je le vivais parfois, j'en captais l'essence, le sentais, mais il m'échappait constamment.

Cette longue période de brouillard avait révélé que la peur persistait en moi ; elle éloignait toute perspective de regagner mon île. La peur de mal faire et l'envie de tout faire bien, le sérieux, l'exigence avec lesquels j'avais commencé à construire mon art de vivre – mes rituels du matin, mes écritures et toutes ces choses – engendraient beaucoup de rigidité. Ce frein, mon frein, me figeait dans une sorte de tension que je ressentais physiquement : mon corps me le disait quotidiennement par des « douleurs fantômes », depuis des années, parfois sans raison. J'ai l'impression qu'elles surgissent quand je perds le contact avec moi-même et que mon maître des Rêves tente de me parler au travers du corps.

Chaque émotion, chaque inquiétude, chaque peur est liée chez moi à cette envie de réaliser des rêves, de m'accomplir et vient souvent me figer dans un inconfort qui me pousse à me connecter chaque fois plus à mon corps. Je crée alors du mouvement de la conscience pour comprendre et encore une fois la magie opère. Les messages arrivent. Le maître des Rêves est partout dans les moindres recoins de notre esprit, de notre corps, de notre souffle, ces messages viennent à nous.

La croyance qui te limite est de penser qu'il y a une ascension quelconque à faire, que ton objectif est de devenir un funambule, de croire qu'il y a un but d'évolution, et de considérer dès lors que certaines expériences

sont plus ou moins favorables ou qu'il y a une exigence particulière à incarner pour être ce funambule. Tout cela appartient encore à ton mental. Ce sérieux, cette exigence te coupent de l'essentiel et te figent dans la peur de mal faire. Un funambule est un rêveur qui expérimente, qui cherche, qui joue, qui perd, qui tombe souvent, mais qui comprend beaucoup de choses sur lui-même. Ôte-toi cette peur définitivement. Va, avance !

Il ne pourra rien t'arriver
juste changer de peau, te transformer.
Dans la douleur, dans l'allégresse, la légèreté
avance, va là où tu n'es jamais allé
car pour devenir un funambule
un rêveur de l'extrême
il te faudra dompter le vide
et accepter où il te mène.

N'oublie jamais de jouer,
de rire de tout, surtout de toi.
Rien n'est si sérieux,
tout n'est qu'un jeu, souviens-toi.
Une amnésie partielle,
des fragments de rêves à reconstituer
juste un prétexte, un jeu absurde
où l'on oublie pour se rappeler.

Il est très dur de devenir soi et de sortir des sentiers battus, car il ne s'agit pas d'aller à un endroit où il y a déjà de la lumière. Pour moi et pour chaque rêveur qui avance vers son état de funambule, il s'agit d'aller dans des recoins très peu visités, de se surprendre, de faire face à l'inconnu. Et ces défis font aussi peur qu'ils attirent.

LA SOLITUDE

Ce chemin de découverte m'amène chaque fois à chercher la solitude, car c'est là que je trouve le plus souvent suffisamment de force, de courage et d'énergie pour entreprendre, faire le pas vers moi-même. Ritualiser sa vie prend là encore plus de sens afin d'écouter ce qui vibre en nous. La plupart du temps, ces instants de connexion créent une confiance telle qu'on n'a peur de rien ; on sait qu'il faut juste écouter, suivre les appels et être qui on est.

La réalité du rêveur funambule en transformation devient alors peu à peu celle de l'ermite. La solitude devient un choix conscient de connexion à soi, même si chaque chose se révèle avec le miroir de l'autre. La solitude libre, la connexion à soi, est tellement importante pour créer cet espace de compréhension de soi. C'est elle qui m'a permis d'oser faire et d'être qui je suis. Chaque rêve qui a vibré en moi est venu d'une connexion profonde à mon enfant intérieur, et j'ai ensuite eu l'impulsion de me dire que c'était possible et le courage de franchir le pas, de dessiner, projeter, imaginer comment, où. Et enfin de m'aligner sur moi.

La densité de notre monde, la réalité collective peuvent brouiller les pistes et nous déconcentrer : à chaque moment de déconcentration, le flou ou la peur peuvent apparaître de nouveau, telle une vibration qui polluerait notre propre vibration et nous entraînerait dans une autre perspective. Le temps est précieux et chaque seconde est une opportunité de se retrouver avec soi-même et d'avancer, d'évoluer vers une nouvelle révélation, un nouvel équilibre et tenter une fois encore d'incarner cette réalité de rêveur funambule.

Savourer la solitude

Construire un maximum de rendez-vous avec ce qui nous passionne, ce qui nous fait vibrer, c'est en quelque sorte se rapprocher de son état de funambule. Approfondir la relation que l'on a avec soi et avec ses talents, vivre ses moments de solitude permet de créer un espace secret de rencontre avec soi. C'est un accès privilégié à son île où l'on s'amuse à être soi, seul. Pour un jour assumer et s'incarner face aux autres.

Construire toute une vie autour de cette recherche est la plus belle chose qui me soit arrivée, mais aussi le défi le plus grand. Se remettre en question perpétuellement, améliorer, chercher, se perdre, savoir qui je suis est un travail sans fin, celui de trouver cet art de vivre qui m'amènera à suivre le *flow* et à déjouer encore et encore chaque piège du monde des Rêves, pour tenter de sortir des rouages de cette grande machine et un jour vivre sur mon île.

L'ALIGNEMENT

L'appel du maître des Rêves est parfois le rêve lui-même, et une tension se crée entre la version de notre réalité ancienne et l'appel, puis naît la résistance face à la peur et aux limites que l'on se met soi-même. Plus l'appel est grand, plus la peur l'est aussi, et plus la tension augmente.

Mais quand on comprend qu'on est en train de réaliser un rêve, quand on se rend compte qu'un dessin, une projection, une idée prend forme dans la matière, quelque chose de magique s'anime en soi : un alignement total entre ce qu'on est à l'intérieur et ce que le monde est en nous. C'est un instant profond, solennel, d'où émergent une profonde gratitude et une grande humilité face au chemin qui a été parcouru et aux épreuves que l'on a traversées pour réussir à construire ce rêve. Parfois il ne s'agit pas de construction, mais d'un état de paix, un alignement dont on avait besoin et qui nous propose calme et silence intérieur. C'est alors un instant magique, une satisfaction, une sensation d'être enfin soi.

Oui, quand enfin on résout la tension créative, que l'on passe cette limite qui nous séparait de notre vision – celle qui nous poussait à chercher par tous les moyens à incarner ce rêve –, c'est un électrochoc de bonheur, une sensation immense qui irradie tout notre être. Cela alimente la force qui nous a amenés jusque-là.

Cette sensation d'alignement, je l'ai énormément vécue en créant mon jardin à partir de rien. J'ai passé des mois à rêver, à visualiser, à dessiner chaque détail que je voulais voir apparaître là, sous mes yeux. Un chemin, un arbre, un coin d'ombre, c'est comme peindre un tableau vivant. Au bout de quelques années de travail, quand je prends les chemins dont j'avais rêvé, quand je vois les arbres me dépasser et qu'enfin je m'assois sur le banc que j'ai construit pour contempler le tout, c'est là que jaillit ma plus grande satisfaction : je me sens aligné, cohérent avec qui je suis, et je remercie la vie. Ces actes d'alignement existent dans chaque petite chose que l'on peut faire au quotidien. Il n'est pas nécessaire de construire un monde pour se sentir satisfait. Le fait de simplement agir en conscience avec soi-même crée cet alignement. S'honorer, c'est s'aligner !

L'ÉVEIL COLLECTIF

S'aligner sur soi est un cadeau que l'on se fait et que l'on fait au monde. Si on devait résumer ces moments d'alignement, les autres y seraient toujours inclus, même dans les périodes de solitude. Car lorsque l'alignement se présente, émerge l'immense émotion de la gratitude. La gratitude nous unit au bien commun, à la vie. Elle nous connecte, elle nous rassemble à l'humanité entière dans l'acceptation profonde de l'instant, et il émane une joie immense d'être et de faire partie de tout ça. Cette vibration inonde chaque être connecté à nous. Le partage et le témoignage au monde prennent sens. Les ponts que nous créons deviennent des catalyseurs de conscience.

La lumière qui émane de nous dans ces instants est si belle, si pure, si connectée à la source qu'elle irradie l'ensemble de notre monde, et sans le savoir ou même sans le vouloir on participe au grand mouvement d'éveil collectif.

L'ÉVIDENCE

Avec le temps et l'expérience, j'ai parfois l'impression que réaliser des rêves, m'aligner sur moi-même n'est plus une partie de plaisir, ni quelque chose qui m'exalte autant qu'au début du chemin. Ou peut-être que si, mais je sens souvent en moi une sorte de normalité. Pas de facilité cependant, car rien n'est facile à réaliser, mais une sorte d'évidence d'être là où je dois être et qu'il n'y a pas dans l'action cette dimension extraordinaire que j'imaginais avant. Peut-être par trop de sérieux? par lassitude? par exigence? Peut-être parce que ces rêves ont été un travail profond, lourd, difficile et qu'une fois arrivé je suis satisfait, content mais aussi conscient que c'est une épreuve dans laquelle j'ai investi beaucoup d'énergie. Je me suis transformé, j'ai changé de peau, et ceux qui connaissent ce chemin savent à quel point c'est satisfaisant et magnifique de pouvoir aller là où on voulait aller, mais c'est aussi éreintant.

Avec le temps j'ai l'impression que les choses les plus exaltantes sont finalement celles qu'on n'attend pas, qui surgissent des instants éphémères et dans lesquelles on se plonge sans chercher à maîtriser, sans peur, avec folie, comme un enfant qui s'aventure en dehors des limites. Là résident souvent la surprise et la magie de la vie. C'est dans ces moments que je me sens le plus aligné, heureux, léger et j'ai l'impression que c'est ça, l'état de rêveur funambule !

RÊVER EN GRAND OU PROFITER DES PETITES CHOSES ?

Pour tenter de m'en rapprocher, j'ai cru qu'il fallait rêver en grand et travailler dur, mais peut-être que ces instants éphémères sont tout aussi importants dans cette quête. Ils amènent de l'incertitude, de la légèreté, ils nous connectent à ce qu'est la vie. Ils nous permettent de sortir de ce que l'on a prévu de faire et de s'ouvrir aux nouvelles expériences. Je crois de plus en plus à ça. La liberté fait partie de mon authenticité et rêver en grand aussi. Seulement, parfois, je dois cohabiter avec une sorte de rêveur compulsif qui ne veut pas du tout se faire enfermer par la rigidité, la rigueur qu'un grand rêve comporte. Alors je tente de trouver des points d'équilibre, de créer des ponts pour pouvoir réaliser les deux.

Dans l'éphémère, il s'agit de trouver ces petites choses qui nous lient à l'humain, à l'émotion, au partage, à la spontanéité, à la fragilité, à l'effervescence, c'est la magie de dire oui à ce que la vie nous propose. **C'est se connecter à sa propre vulnérabilité, à cette fragilité dans le lâcher-prise qui nous connecte au grand Tout.** Ces petites choses sont l'énergie, le moteur des grands rêves, ces grands rêves qui nous transforment et nous font évoluer pour nous rapprocher d'une version de nous que nous n'avions pas imaginée.

J'étais depuis longtemps dans une dynamique de grand rêve avec l'intime certitude qu'il est important de projeter en grand pour avancer vers soi-même. Ces dernières expériences m'ont amené à voir le plus beau des rêves dans ces instants éphémères qui s'offrent à nous et qui deviennent une source intarissable de bonheur.

Pour comprendre l'importance de répondre à la spontanéité et suivre le chemin du cœur à chaque instant, il m'a fallu mettre ma vie sur les rails qui étaient les miens. Je crois que c'est ça, devenir un funambule : regagner son île après avoir fait les grands choix, avoir affronté les peurs, avoir défié les pièges, avoir déconstruit encore et encore ces croyances pour construire cet art de vivre dans lequel on est prêt à faire face à ce qui est, et à accueillir dans la légèreté les surprises de la vie, les opportunités de créer sans cesse une nouvelle réalité. C'est une sorte d'improvisation planifiée sur un chemin, et on s'ouvre au changement, au virage, on écoute ce qui vibre et on se laisse porter.

FAIRE CORPS AVEC LA VIE

S'aligner sur soi, c'est faire corps avec la vie. C'est entrer dans la danse et en accepter la cadence, le rythme ; et, dans l'acceptation du mouvement, avec du recul et un peu de pratique, on parvient à devenir maître. Il ne s'agit pas uniquement de se laisser porter : on accepte et on capte la dynamique pour ensuite recréer sa propre authenticité, son mouvement, son propre *flow* dans le *flow*. C'est peut-être là que la magie opère de nouveau.

Cette révélation a complètement révolutionné ma vision des rêves et des grands rêves : à un moment, on voit la lumière et on y est ! On fait le grand saut, on franchit l'ultime barrière de la peur pour enfin trouver son île, incarner ce qu'on est venu être et s'aligner sur soi.

Peu à peu, les grands rêves, ceux avec lesquels on a grandi, ceux qui nous ont aidés à traverser le labyrinthe et à nous découvrir face à la peur et aux défis de la vie, disparaissent pour laisser place à ce rêve du funambule. Le rêve de l'arc-en-ciel. Ce printemps éternel, où l'éphémère, la spontanéité deviennent nos alliés.

LE GRAND SAUT

Je partais dans un nouveau voyage dans l'univers du monde des Rêves. Cette fois je sentais que c'était une nouvelle étape. Je sentais monter en moi le besoin de faire le point, de récapituler où j'en étais dans ce périple. Il s'est passé près de six ans entre mes premières visions et ma rencontre avec le maître des Rêves. De nombreuses années de découvertes, de rêves, de déconstruction de ce qui me limitait et m'enfermait dans la réalité des rêveurs somnambules : le premier monde et la traversée des parties sombres de l'existence, les pièges, et cette expérience de la dualité pour enfin en saisir l'essence.

J'ai la sensation d'avoir évolué dans la pyramide. Je ne vois pas où je suis, mais je me sens par moments m'élever et je capte en moi cette vibration, celle de la source. Je suis passé par énormément d'instants de flottement, de paix, de joie subtile. J'ai vécu de nombreux trous noirs, des pièges, des désillusions, la dépression.

J'ai réalisé mes rêves, j'ai été heureux d'aller au bout de moi-même. Une compréhension nouvelle commence à entrer en moi et à se stabiliser : le monde des Rêves est une boucle, et créer des repères dans ma vie afin de toujours garder un contact avec moi est mon gage de stabilité. Certaines structures d'antan sont certainement à travailler, mais je ne les vois pas pour le moment. Je m'approche de la Terre promise.

J'ai construit ma vie sur ce qui était important pour moi. J'ai gagné en liberté face au monde, dans mes choix. Je suis aujourd'hui seul avec moi-même pour continuer le voyage.

UNE VISION ASCENSIONNELLE

Le maître des Rêves apparut en moi comme lors de la vision près de l'arbre. Le sentiment de réconfort était immense. Il me rappelait ces nombreux moments de joie, de bonheur, de connexion profonde à l'instant présent et à cette vibration haute. Ces moments où je naviguais sur Terre, le cœur battant, le corps disponible, l'envie d'incarner mes rêves et de relever tous les défis. Je me sentais dans cette énergie-là de nouveau. Le monde des Rêves tournait, mais quelque chose avait changé, je voyais le mouvement m'amener vers le haut. Un léger décalage me faisait tourner en spirale. Une ascension divine qui, je le sentais, me ramenait à la source, là où tout avait commencé. Ça y est, je sentais que j'allais devenir ce rêveur funambule, celui que j'avais vu dans ma première vision. Le mouvement s'arrêta instantanément.

Chaque fois que tu diras « Ça y est, j'y arrive » tu retomberas dans ton propre piège. Ton mental te plongera de nouveau dans les mondes d'en bas. Il n'est aucune destination, aucune ligne d'arrivée, il n'est qu'un chemin vers la découverte de qui tu es ! On n'arrive pas à une Terre promise, on visite des mondes et des états de conscience qui nous amènent à découvrir la profondeur du mystère.

Cette énergie est présente en toute chose, partout, tout le temps. Monter au sommet de ta pyramide te donnera un accès privilégié à cette connexion, mais elle t'échappera chaque fois que tu croiras être arrivé.

Tes rêves sont tes seuls moteurs sur Terre pour avancer, te dépasser et chercher à trouver ces états de conscience élevée, ceux qui te rapprocheront de ton état de funambule. Oui, tu as déjà vécu et expérimenté cet état d'équilibriste. Mais tu resteras pour toujours un chercheur, et il est encore de nombreuses choses à comprendre pour parvenir à stabiliser cet état et vivre le rêve de l'arc-en-ciel.

Le rêve de l'arc-en-ciel est un état d'« êtreté ». C'est un flow permanent dans l'ici et maintenant. L'unique réalité pour l'éternité. Vivre le rêve de l'arc-en-ciel, c'est s'abandonner à cet ici et maintenant. C'est suivre l'unique appel du cœur et marcher en équilibriste sur le fil de la vie. Hors du temps.

Alors que j'entendais ces mots, le mouvement avait repris et je me trouvais au sommet de la pyramide. Les repères étaient mouvants. Je ne voyais pas clairement le décor, mais j'étais certain d'une chose: j'étais en haut et autour de moi il y avait le vide. L'immensité, libre, des perspectives infinies. Je me sentais léger, libre, en paix.

Je ne ressentais pas spécialement de peur. Le vide, je l'avais expérimenté et j'avais confiance en moi pour réussir à surmonter cette étape s'il fallait la vivre. Non, là, j'étais dans un état de déception. Ça me faisait penser à ce que j'avais ressenti les fois où j'avais réalisé certains rêves. On croit être arrivé à destination et enfin être heureux, et on se rend compte qu'il n'y a pas de satisfaction particulière. J'avais été de nombreuses fois plus heureux dans des situations bien plus banales.

J'étais en train de comprendre quelque chose de nouveau: les rêves et les objectifs d'une vie ne sont pas là pour nous rendre heureux. Ils nous permettent de nous transporter, de nous transformer en une version de plus en plus authentique. Se rapprocher de son état de funambule est simplement être soi. Moi le grand rêveur, je tombai d'un étage. Je me rendais compte à quel point encore une fois le piège est dans la projection: je fais ça pour récupérer du bonheur, de la joie ou l'illumination...

LE VIDE

J'étais toujours au sommet de la pyramide , je me sentais en paix avec tout ce que je voyais et comprenais. Je ne savais pas exactement où ça allait me mener. Mais je comprenais que je devais rester ici quelque temps pour saisir toute la subtilité de la vision.

Je me mis à tourner sur place: ce n'était plus le monde des Rêves et ses murs qui tournaient. J'étais placé au-dessus de ces mondes et c'est moi qui tournais comme sur une plateforme. Je voyais à trois cent soixante degrés. Je sentais une légère ascension et les mondes d'en bas disparaissaient. Je restais profondément focalisé. Je méditais cet instant. Je respirais profondément. Je prenais contact avec mon corps, avec chaque sensation. J'étais très concentré, une certaine paix se dégageait de moi.

Puis j'arrivai dans un nouvel endroit. Autour de moi une infinité de petites îles, interconnectés par des arcs-en-ciel de couleurs différentes: des ponts entre ces petits mondes. Étrangement, je voyais un maître des Rêves par île. Une multitude de maîtres des Rêves. J'étais toujours sur cette sorte de plateforme.

Te voilà arrivé à l'archipel des Rêveurs, où l'on vit le rêve de l'arc-en-ciel, le printemps éternel, une seule saison pour l'éternité. Grandir, fleurir à tout jamais...

Pour devenir le funambule qui sommeille en toi, il est un saut symbolique à faire pour regagner ton île.

Ce lieu est à toi, il est en toi depuis toujours, il attendait que tu sois prêt.

Aujourd'hui tu es prêt, c'est maintenant. Ne réfléchis plus, demain sera un autre jour. Saute !

J'étais heureux, mais mon sentiment était mitigé : je me sentais profondément seul.

Cette solitude est nécessaire. Un rêveur en devenir passera nécessairement par une grande étape de solitude choisie. *Puis ce dernier saut qui t'attend nécessite que tu sois seul. Personne d'autre ne peut sauter pour toi. Il s'agit de ton rêve. De ce que tu es venu vivre et expérimenter. Quand tu arrives à cette étape, le miroir des autres devient encore nécessaire, mais plus que tout, tu dois réussir à vivre pour toi, approfondir cette quête.*

Tu peux maintenant vivre sur ton île de « rêveur forêveur », sans exclure personne de ta vie mais en mettant un regard aigu sur soi pour continuer d'approfondir cette connaissance et cette conscience. L'autre est le même rêveur que toi. Il est responsable de sa propre évolution. À cette étape de ton évolution, tu ne peux plus te rendre responsable...

LE PLUS BEAU CADEAU QUI SOIT

D'un coup, je venais de comprendre pourquoi, dans ma vie, je sentais depuis toujours cette profonde nécessité d'être seul. Depuis quelques années, je me retrouvais de plus en plus seul, après avoir créé une famille, un lieu, une équipe, avec des gens autour de moi. **Je me sens toujours seul face à moi-même, face à mes défis, face à la complexité de mon labyrinthe et à cette quête infinie de découverte de qui je suis.**

Et là, depuis quelque temps, ma compagne et moi avions décidé de nous lâcher la main un moment pour justement vivre notre réalité de funambule. Pour sauter et rejoindre notre propre île. Cette tristesse et la solitude prenaient un autre sens en moi. J'étais sorti des mécanismes inconscients d'en bas et je pouvais voir toute la beauté et l'amour que nous venions de réaliser. S'offrir sa liberté singulière, le soutien pour pouvoir sauter et aller vivre ce qu'à deux on ne peut pas vivre. Sans se perdre de vue. Connectés pour toujours par cette terre qui nous unit.

Je pense qu'il est possible d'être un funambule en étant entouré, mais je crois aussi qu'il est des chemins pour tous. Et parfois les relations sont tellement fusionnelles qu'il est difficile de savoir qui on est réellement tant nous déteignons sur l'autre. Pendant toute mon évolution, ce miroir de l'amour et cette relation élévatrice avaient été mon plus beau repère, la source de tous les rêves et là nous arrivions à l'étape où il fallait se faire le plus beau cadeau qui soit : se permettre de vivre cette liberté, et faire honneur à la vie, sauter et rejoindre chacun son île, et construire son monde à soi pour enfin briller de ses propres couleurs et illuminer le monde de sa propre vibration.

Ne garder qu'un seul repère : notre enfant comme ultime miroir de notre quotidien. Ce contact avec la densité de la matière qui vient équilibrer notre état de funambule. Car finalement, c'est ce que ce petit être nous demande à chaque instant, sans jugement. Il nous invite à être qui on est.

REJOINDRE MON ÎLE

Je comprends qu'il y a une étape d'une autre envergure : je dois déployer mes ailes et sauter dans le vide, rejoindre mon île et construire mon monde aux couleurs de mon étendard. Faire jaillir cette lumière qui me relie à la source et créer des ponts.

Comme si je préparais une surprise, avant d'accueillir les gens à ma fête, je crée le décor de mes rêves, je me prépare à être qui je suis pour cette célébration. Cette fête, c'est la rencontre avec l'autre. Ce moment où je partage enfin qui je suis au monde, où chacun partage qui il est. Et je trépigne d'envie de créer cette rencontre. De vibrer haut en couleur.

Jusqu'ici, je n'ai fait que des petites tentatives de reconnexion avec mon public, mais je me rends compte que je parlais à un public qui ne me connaît pas, et que j'avais peur d'être qui je suis. Le souvenir du passé et toute cette folie avec les Fréro avaient aussi créé en moi un repère totalement erroné de ce qu'on peut partager avec un public. Je continuais de comparer les aventures d'avant avec celle d'aujourd'hui. Alors que ce qui m'attend n'est plus là-bas. Tout est nouveau ! Je suis nouveau, les gens que je croise et qui sont mes amis d'aujourd'hui n'étaient pas là hier. Ma vie a changé, mon expérience est nouvelle.

Je sens en moi la peur du vide s'effacer pour laisser place à l'envie de découvrir qui je suis. Comme un symbole fort, je me suis retourné face à ma courte vie. Je voyais chaque personne importante pour moi, mon fils, sa maman. Je sais que cette étape m'amènera à devenir une version de moi que personne ne connaît, même pas moi. Je sens l'émotion forte de vivre qui je suis enfin, ne plus avoir peur d'être. Et tenter des choses, jouer, m'amuser, et je sais que cela m'amènera à vivre encore plus dans l'amour et à transmettre cet amour.

Comme quelque chose de vital pour moi et pour chacun. Ce départ sonne avec beaucoup de force en moi. Une partie de moi continue de vibrer de ces derniers instants de mélancolie, liés aux mondes d'en bas, au passé, aux souvenirs. Je laisse passer cette émotion en moi, elle me traverse, je verse une larme, ma voix résonne et, aligné, je me retourne et saute.

Sauter dans le vide est un symbole que nous connaissons tous. C'est accepter l'inconnu. Changer de direction, de travail, de vie de famille, partir à l'aventure. Sauter dans le vide est le point de départ de chaque nouvelle histoire que nous créons dans notre vie. Et puisque nous évoluons sans cesse, ce grand saut devient pour le rêveur en quête une habitude, un grand rendez-vous et parfois même une addiction. Partir à la rencontre de soi est une aventure sans nom, on se lance face à soi-même, face à la vie, on se déleste des codes du monde connu pour tenter de vivre plus haut, plus proche de soi. C'est vertigineux, ça fait peur, mais l'atterrissage se fait toujours en douceur. Paradoxalement, on pense sauter dans le vide, vers le bas, mais ce saut nous élève sans cesse vers des strates de notre vie qu'on ne peut imaginer.

Je me retrouvai sur mon île au milieu de cet archipel, entouré de rêveurs par milliers. D'ici je voyais le monde en grand avec mes yeux d'enfant. Tout était là face à moi. Je ressentais un profond sentiment d'ouverture. Une vision incroyable de connexion au monde, j'étais le monde, nous étions ce monde.

Les images de ma première vision réapparaissaient et je ressentais cette énergie si particulière, celle de l'arbre aux Rêves. Elle était là, bien présente, elle vibrait en moi et tout autour de moi. Elle m'avait guidé, invité depuis toujours à suivre ces chemins, à répondre à ces appels pour découvrir qui je pouvais être. Cette énergie indestructible qui sous-tend chaque chose : c'était donc ça, le rêve de l'arc-en-ciel. C'est donc ça, devenir un rêveur funambule : sentir ce *flow* permanent, faire corps avec cette énergie vitale qui pousse à la création, à l'improvisation, à se connecter à sa plus grande réalité, à expérimenter chaque défi avec la plus grande ferveur pour en ressortir grandi, sage, en paix, témoin de ce qui nous lie au grand mystère.

C'est là que la voix du maître des Rêves retentit:

Pour vivre la réalité du funambule qui est en toi
Il te faudra rester libre de tous les songes d'ici-bas
Te fondre dans l'éternel et unique
«ici et maintenant»
Prendre la vie comme un éternel
recommencement.

Car pour gravir tous les sommets
En équilibre et à tout jamais
Il te faudra t'alléger
Du poids qui pèse sur ta pensée

Le funambule est l'état de grâce.
Quand tout s'aligne, quand tout prend sa place
Il est le symbole et le signe
il est souvent seul sur une ligne.

Le funambule vit sur cette île et au-delà
Seul sur son fil il défie le temps
Il arpente les mondes et crée des ponts
Pour tous les rêveurs d'ici-bas

Le funambule est là en toi
Il vient souvent à ta rencontre
Sors de ta bulle et rends-toi compte
Le maître des Rêves, c'est juste toi.

L'état de funambule te fera découvrir ta propre médecine, celle qui rendra tes jours meilleurs. Arme-toi de tes talents, de tes passions, et ta présence et ton cœur te guideront face à tes peurs. Dans chaque instant de flottement, de perte d'équilibre, tu trouveras les ressources pour te rééquilibrer, en étant à l'écoute de ton corps, il est ton messager.

Il est ton temple, là où résident tous ces secrets. Ne l'oublie jamais.

Les pieds sur terre, la tête en l'air, le rêveur funambule reste connecté aux mondes d'en bas, ancré dans chacun de ses pas et il s'étend au-delà sur ce fil qui le mène hors du temps.

Devenir un funambule, c'est chercher sa propre liberté, vivre, penser, être ce qui est. Alors...

Crée ta propre religion, ton propre fief.
Sois ton propre dieu, ta propre déesse.
Sois ton propre maître, ton propre fidèle.
Sois ton propre reflet, ton propre repère.
Sois qui tu es, sois ta propre lumière.

Crée du mouvement, utilise tes talents, tes pouvoirs pour créer la magie que tu rêves de voir en toi et autour de toi. Et joue, ne t'arrête jamais, accepte de tomber. Être un funambule, c'est accepter sa vulnérabilité, faire face à la vie, aux défis, avec ferveur, confiance, humilité. Être un funambule, c'est s'abandonner à l'improvisation, y découvrir des parcelles insoupçonnées, c'est se découvrir soi dans de nouvelles contrées.

Ma créativité au travers de mes chansons en est un exemple parfait. Mon rapport au chant a longtemps été particulier, par jugement, par somnambulisme aigu. Je souris en écrivant ces lignes mais j'ai pu longtemps me faire souffrir. À l'époque des Fréro Delavega, j'avais beaucoup de mal à lâcher prise et à m'amuser réellement avec ma voix.

Sur le chemin des Rêves j'ai appris à me perdre pour me rapprocher de moi, à jouer, à danser sous la pluie, à honorer ce qui vibre au fond de moi. J'ai appris à apprivoiser ma voix, à me l'approprier, à accepter ma vulnérabilité et à réellement en faire mon amie.

Aujourd'hui je passe de plus en plus de temps à improviser avec elle. En funambule je monte sur ma ligne et pars à la rencontre de l'inconnu. Je marche, je danse, je chante, je dérape, je me rattrape, ça sonne juste, ça sonne faux, mais qu'importe, j'avance, je voyage, je suis vivant. Ce que je vis dans ces instants, c'est ma médecine, ce sont ces moments hors du temps qui me relient à la source. Et bien souvent quand le mental se tait, la magie opère, je découvre des endroits que je ne connaissais pas. C'est un cadeau qui s'offre à moi, je me laisse porter par cette voix qui vibre, qui me transporte, qui me soigne.

Ces instants se transforment en mélodie, en mots que je répète sans cesse, ils m'accompagnent chaque jour, ils m'aident à garder le cap, à tenir la cadence, à trouver ma place sur ce fil hors du temps. Puis plus tard, ils s'envolent et prennent la forme de chansons, que l'on façonne, que l'on polit comme un souvenir figé à jamais de ces instants hors du temps. Et vient le moment où des ponts se créent entre vous et moi, ces chansons deviennent des invitations, des appels que je lance dans le vent pour qui les entendra, pour qui y répondra et se les appropriera.

Avez-vous trouvé cette médecine qui est en vous ?

Je crois vraiment qu'il est quelque chose de magique dans le fait de transcender ses peurs. On transforme une énergie qui nous limite pour qu'elle nous élève et nous connecte aux autres, encore plus fort. C'est ça, la magie du monde des Rêves. Devenir un funambule, c'est plonger en soi, trouver son île pour ensuite briller en grand et offrir au monde cette lumière que l'on porte. Pour ses amis, sa famille, les gens de passage et plus encore. Trouvez votre magie, votre authenticité, construisez cette île en vous, décorez-la et partagez-la. Faisons-nous grandir entre nous.

L'ÉTAT DE FUNAMBULE

Cette lumière qui nous a guidés jusqu'ici brille encore dans le lointain. Il faut sauter à nouveau, effectuer ce grand saut, et s'envoler vers cet état de funambule. Le saut symbolique nous amène alors à vivre l'authenticité de soi. On saute dans le vide pour regagner notre île et on assume dans le monde qui on est !

Nous étions sur cette voie d'authenticité puisque nous avons déjà gravi des sommets grâce au chemin du cœur sur lequel nous avancions. Mais là, nous avons la possibilité de passer une étape et de devenir funambules. C'est-à-dire de jouer aux rêveurs de l'extrême, de défier le temps, sur un fil en équilibre parfait, de s'abandonner à l'éphémère, de n'être qu'un canal au service de ce qui vibre en nous. Et de laisser s'exprimer ce qui est là. **Les grands rêves se vivent dans l'instant, dans les petites choses qui donnent sens à la vie et qui donnent des repères pour les jours de pluie.**

Tel est l'état de funambule : continuer de construire cet art de vivre, être mouvant, à l'écoute. Puis tomber, recommencer. Accepter les chutes et ne pas en avoir peur. En avoir peur, c'est déjà tomber. Il est nécessaire de garder le contact avec soi et se dédier cet amour. D'être son propre dieu, sa propre déesse. Son propre maître et son propre fidèle. Il n'est aucune Terre promise à part celle qui réside en chacun de nous.

L'état de funambule n'est pas une destination finale mais bien un chemin sur lequel on s'engage. Un état de rêveur dans lequel la vie et la quête de soi deviennent un jeu où l'on accepte le déséquilibre, une grande danse cosmique avec laquelle on crée. On devient un acteur spectateur, on cherche sans fin. Je me répète, car c'est important.

Mais on cherche quoi exactement ? Je n'en ai aucune idée, et la compréhension de ce mystère est ce qui m'anime : répondre à l'appel, découvrir chaque fois plus de magie, me rendre compte que je ne suis rien, transcender cette existence, vibrer, être ! À l'infini...

L'état de funambule, c'est savoir que l'on est tout à la fois et que l'on peut retomber très vite en bas. Qu'il est une dynamique qui nous amène à rester près de l'arbre aux Rêves, près de la source du tout, et devenir ce funambule qui après cette longue marche en solitaire s'ouvre au monde pour partager son histoire, son chemin. Il s'agit de créer des ponts, d'inviter les autres à être ce qu'ils sont, de devenir un phare, une lumière pour ceux qui arrivent.

La solitude et l'amour de soi, garants de l'équilibre

S'ancrer en soi et pour soi devient une nécessité pour chaque rêveur qui a entrepris sa quête de découverte. La solitude devient alors une base de l'accès à cet espace et à cet état particulier : l'amour pour soi, l'acceptation de soi. Le plus dur est de sortir de cette vision ancienne qui dit qu'il faut veiller sur les autres et servir l'autre avant soi, et d'accepter que cette vision limite l'ascension de chacun et que pour aider qui que ce soit il faut s'aider déjà soi. Sortir de cette croyance limitante, de ce jugement qui dit que s'occuper de soi et s'aimer soi est une forme d'égoïsme. Accepter ce changement de paradigme et mettre beaucoup d'amour en soi. Nous traitons le monde, les autres comme nous nous traitons nous. Soyons notre meilleur ami. La solitude comme rendez-vous pour apprendre à nous aimer. Apprendre à être complet pour ne plus attendre que l'autre nous sauve.

Plus j'avance et plus je m'approche de cet état, plus je parviens à stabiliser des périodes longues et profondes dans cet état de *flow*, de synchronicités, de présence. Plus je me rends compte à quel point ma solitude est garante de mon équilibre. Après avoir déconstruit, je continue de déconstruire de vieilles structures, et le regard de l'autre – le miroir qu'il m'apporte – est très important. Mais à l'instant de l'envol, quand le poids du premier monde est loin, là l'envol se fait seul. Il s'agit d'un voyage à la rencontre de soi.

On s'écarte nécessairement des chemins déjà tracés pour s'aventurer dans les possibilités infinies que notre existence recèle. Personne d'autre que moi ne peut accéder à cet espace. Je ne peux être que mon propre référent, conscient, humble, juste, à l'écoute.

Dans les mondes d'en bas, la solitude, ou l'isolement, est très largement vue comme quelque chose de limitant, de négatif. On considère que vivre seul, c'est ne rien partager, cacher sa vie, être triste. Ici, il s'agit bien d'un acte d'engagement. On part à la recherche d'une lumière, on se laisse guider en dehors des limites du monde connu pour créer des ponts, mettre des repères sur le chemin et incarner cette réalité. C'est un acte conscient de retour à la source et un cadeau immense que l'on se fait et que l'on offre au monde. En étant cette lumière qui brille seule dans l'inconnu, on devient cet éclaireur qui donne des repères aux autres. Tous les grands humains, les grands esprits, les rêveurs ont un jour inspiré le monde en étant une version singulière du monde, en étant des porte-parole d'un autre monde, d'une réalité que personne n'avait expérimentée.

Nous avons tous ce pouvoir d'expansion vers notre centre, notre île, afin d'y créer notre rêve, pour vivre notre réalité de funambule et faire ce retour à la terre, devenir des créateurs, des artistes de notre vie, partager, communiquer, témoigner de cette aventure. Nous sommes tous les porte-parole de notre propre existence, de notre propre regard conscient sur la vie.

Et qu'il est intéressant de pouvoir créer des îles, des lieux uniques, où chacun développe son univers propre pour ensuite le partager avec le monde et permettre aux autres de venir le voir ! Se connecter, créer des ponts, s'inspirer de l'autre et changer le monde : alors nous aidons les autres, à cet instant ce que nous donnons prend une valeur inestimable. Nous honorons qui nous sommes et répondons à un besoin, une nécessité. Car notre don est connecté à la source, à ce qu'il y a de plus grand et à ce qui sous-tend nos vies. Et comme il s'agit de reconstituer un grand rêve, nous venons comme par magie répondre aux besoins des autres.

Dans cette réalité la présence et la vibration de chaque rêve funambule viennent comme un régulateur et permettent au monde de s'équilibrer. Les rêveurs conscients, libres, sont les sauveurs de demain.

ÊTRE LE NOUVEAU MONDE TOUS ENSEMBLE

Être les nouveaux mondes, multiplier les dimensions : plus nous multiplierons nos regards libres, plus nous donnerons les possibilités au monde d'évoluer, d'être différent et d'embrasser une nouvelle réalité – celle de la nouvelle Terre, là où les rêveurs construisent leur réalité.

Comme une nécessité intérieure, je sens que ce chemin, au-delà d'une mission pour le monde, est une mission pour moi, pour ma survie. C'est une nécessité profonde de répondre à l'appel encore et toujours. Ce même appel qui m'a amené au monde et m'a fait renaître. Celui qui m'a permis de suivre mon cœur, d'être fidèle à moi-même et de me libérer à chaque instant des griffes du temps, de rester sur mon île, centré, lumineux, ouvert au monde, de voyager et donner rendez-vous aux gens pour ensemble vivre l'expérience de l'ici et maintenant.

Cette utopie-là ne me quitte pas: imaginer un monde où chacun est sa meilleure version, en évolution, où chacun est connecté à une nouvelle réalité de conscience. Que cette connexion soit!

« Moi je rêve qu'un jour tout autour de moi s'éveille un nouveau monde d'un genre qu'on ne connaît pas. Moi je rêve que pour toujours tout au fond de moi s'éveille tous les pouvoirs, les rêves qui dorment en moi. »

LE RÊVEUR FUNAMBULE

L'état suprême de chaque rêveur est celui du funambule. Un état que tout rêveur porte en lui, qu'il côtoie tout le long de son chemin. C'est l'alignement parfait entre sa partie silencieuse et sa réalité dans la matière, une sorte d'équilibre dynamique d'incarnation et d'écoute profonde de l'intangible. Notre messager, le maître des Rêves, guide le rêveur vers sa reconquête, sa libération, pour qu'il puisse enfin vivre cette réalité dynamique où l'équilibre et la liberté se côtoient. Finalement, le rêveur comprend qu'il n'est pas détaché du messager, le maître des Rêves n'est rien d'autre qu'une partie de lui-même à laquelle il s'unit totalement.

Le funambule est le rêveur de la troisième réalité du monde des Rêves. L'état que personne ne connaît. Celui avec lequel on flirte et duquel on cherche toujours à se rapprocher.

C'est le monde de demain, de ceux qui auront entrepris leur chemin, longuement marché, déconstruit, reconstruit, déployé tout leur talent, leur génie dans ce bas monde. Après s'être allégés, ils ont rêvé en grand, médité, construit une vie sur mesure. Ils ont passé les étapes de grand brouillard, de nuit profonde, de perte de sens et d'espoir. Mais leur âme les a guidés encore et encore. Leur talent, leur passion pour les sauver et vivre l'instant présent, unique réalité commune à tous. L'éternel instant présent.

De son centre et loin des mondes d'en bas, le rêveur funambule arpente les sommets de son existence et s'inscrit dans une nouvelle dynamique de vie. C'est l'état le plus proche de son âme, la fusion avec sa lumière intérieure, son arc-en-ciel, haut en couleur, l'unification avec ce qu'il était à l'état pur avant de naître. C'est la meilleure version de son être, celle qui lui ressemble, c'est totalement lui.

Ici, on atteint une sorte de maîtrise sans le contrôle. Un alignement parfait dans l'instant présent : l'équilibriste se laisse déséquilibrer pour créer le mouvement et avancer en totale confiance et relâchement. Maître de son rêve, conscient de qui il est et du potentiel infini qui l'habite.

Le rêveur à ce stade est totalement sur son chemin, il vit le rêve de l'arc-en-ciel et il expérimente le haut niveau de sa propre réalité et son potentiel le plus fort, en mettant tout son potentiel créateur au service de soi et du grand Tout. Il fait corps avec ce qu'il est, sa propre réalité transcendée est mise en avant comme le pouvoir magique qui lui permet de s'élever au-dessus de ses propres limites et de découvrir des chemins inconnus.

À ce stade, le rêveur devient un éclaireur, un créateur de ponts. Tout le travail de reconquête de son authenticité devient une sagesse personnelle qui est une énergie fédératrice.

Avec la pratique de la *slackline*, j'ai découvert énormément de choses sur cette réalité de funambule.

La pratique de l'équilibre sur la *slackline*

Connaissez-vous cette pratique? On tend cette sangle entre deux arbres et on s'amuse à marcher dessus: c'est un exercice assez intéressant pour travailler son état de funambule.
Il y a un état de transe, de *flow* dans lequel on parvient à être en équilibre sans effort, comme si tout s'alignait. Et le vivre en soi dans la matière est quelque chose de très fort. Cette pratique me renvoie des messages philosophiques constamment.
On ne trouve pas l'équilibre, on le cherche sans fin. Penser trouver, c'est déjà tomber.
Puis quand on sent le déséquilibre, on a tendance à se focaliser sur la chute. Cette pratique prolongée nous enseigne beaucoup de choses sur notre rapport à la vie. Quand on sent la chute, souvent on regarde notre chute, on projette des images, on se fige et on résiste, puis on tombe. Mais il y a quelque chose de magique quand le déséquilibre apparaît. Il vient stimuler le mouvement, et nous inviter à nous ancrer encore plus dans nos appuis sur terre et à ne pas perdre le contact avec cette ligne de vie.

Quand on y parvient, alors notre attention balaie, écarte l'éventuelle chute et on garde le focus sur la situation, dans l'instant, dans l'action, dans ce qui est et non pas dans ce qui pourrait être. La chute fait partie de l'exercice, de la vie, et y penser, c'est déjà tomber.

L'état de funambule est le point d'ancrage parfait pour parcourir le sommet du monde des Rêves et toujours rester sur son fil, son arc-en-ciel, pour découvrir et tel un éclaireur défier le temps, avancer vers l'inconnu.

L'état de funambule est celui qui sublime notre existence, celui qui ouvre les portes des mondes. **Le funambule est un magicien, un équilibriste qui repousse les limites de sa réalité.** En étant totalement connecté à sa magie, à son talent, à son génie, à son rêve d'enfant, il chevauche le rêve de l'arc-en-ciel et parcourt le monde des Rêves et le labyrinthe de l'existence avec une liberté totale et de la certitude. Plus le rêveur devient ce funambule qu'il porte en lui, plus il garde le contact avec cette énergie vitale en lui, plus il crée sa réalité profonde et plus il arpente son monde avec harmonie. Car l'une des plus belles choses pour un rêveur, c'est d'honorer qui il est. Nous avons tous un funambule en nous.

Cet état de funambule est étroitement lié aux talents, et à la passion profonde d'incarner sa vie par la création, l'attention, le goût des choses, par cette essence gravée en nous depuis la naissance et bien avant.

RÊVEUR FUNAMBULE

Cette essence, quand elle est honorée et pratiquée, devient un refuge en soi, une médecine, un passe-partout qui nous emmène sur le bon chemin. Un chemin qui a du cœur. Car il en faut, du cœur, pour naviguer sur les eaux sombres de nos rêves. Là où sommeillent nos plus grandes peurs, nos plus grands blocages ; là où devant nous le vide, l'inconnu submergent notre existence. Mais il y a un pont, un arc-en-ciel, qui permet de passer de monde en monde, vers notre plus belle incarnation.

LA VISION D'AUJOURD'HUI

Après avoir fait tout ce chemin, je me retrouve là de nouveau face à cet arbre aux Rêves. Aujourd'hui, ma vision a changé. Maintenant je sais que mes rêves les plus fous sont là en moi et dans l'infini des possibilités.

Je suis là et mon plus grand vœu, c'est de pouvoir être au plus proche de mon centre chaque jour. Suivre les appels, me connaître encore plus à chaque instant et marcher sur mon fil en funambule, sauter dans l'inconnu pour découvrir de nouvelles contrées. Incarner dans l'instant mon élan créateur par des chansons, des poèmes, ce livre. Tout est à ma portée, je n'ai aucune limite à part celles que je me crée. Mon défi le plus grand est d'ouvrir les portes du monde des Rêves et de construire une vie autour de mes plus grandes passions, et de réactualiser sans cesse qui je suis. Et aller vers l'autre, aller vers la peur et découvrir quelque chose de nouveau.

Puis revenir le plus souvent ici, visiter mon île, voir pousser mes rêves, et en semer chaque fois plus. Aujourd'hui j'ai compris que tous ces rêves m'ont permis d'avancer sur le chemin et, plus que leur réalisation, ça m'a permis de devenir quelqu'un de nouveau. Les rêves et la peur sont liés. Et ils deviennent alliés si on accepte de regarder au-delà.

Tout n'était qu'un prétexte pour monter, gravir la montagne et me retrouver de nouveau ici, l'esprit libre, prêt à être ce rêveur funambule. Et j'en accepte la fragilité, l'éphémère. Je sais aujourd'hui qu'il s'y cache une profondeur et une expérience magiques. L'éphémère nous connecte à quelque chose d'immense.

CONCLUSION

J'ai longtemps cru qu'il fallait vivre dans l'ombre et œuvrer en silence pour changer le monde. Et qu'il y avait un ressort personnel, intime, que les autres avaient leur chemin et qu'il leur appartenait. Tout cela est vrai mais pas seulement.

J'aime l'idée que l'on s'inspire de la lumière des autres, ceux qui nous montrent que c'est possible d'être qui on est en étant qui ils sont. Ils sont des repères, des lumières qui brillent comme des phares nous permettant de nous aventurer hors des mondes connus. Ils nous montrent, tels des éclaireurs, qu'il existe autre chose ailleurs, et que nous pouvons nous aussi aller en explorer les recoins cachés. Chacun son monde, son rêve, son île à construire dans l'au-delà.

Et nos mondes s'influencent, se nourrissent. Plus nous vibrons dans cet état de funambule, plus nous côtoyons ce rêveur libre qu'il y a en nous et plus d'autres feront de même. Et ce monde de demain deviendra possible, réel, déjà plus qu'il l'est. Il deviendra un état global et on ne sera plus seuls. Peut-être que tout cela n'est qu'un rêve, une croyance, une utopie, et c'est peut-être une autre utopie dans laquelle je me perdrai pour un jour, pour peut-être m'en défaire et recréer un nouvel univers.

Ce livre était pour moi un grand défi, il était mon grand saut dans le vide, l'expression profonde de qui je suis aujourd'hui, un pas de plus vers ce funambule et cette île. Et là, entre les lignes, existe le pont qui mènera à votre île, à ce monde où les rêveurs renaissent pour y vivre leur printemps éternel.

Et peut-être qu'on s'y retrouvera, « un beau jour peut-être » *en « un mundo más allá »*. Je laisse cette porte ouverte à qui veut bien y croire, pour tous les rêveurs funambules qui rêvent encore d'y voir que le monde des Rêves nous accompagne et qu'il nous ramène un peu d'espoir.

J'AI FAIT UN RÊVE, AUX PORTES DE DEMAIN
UN RÊVE LES YEUX OUVERTS
ET JE NOUS AI VUS AU LOIN.

DANS LE MONDE DES RÊVES,
IL ÉTAIT UN CHEMIN

UN APPEL, UNE LUMIÈRE,
EST-CE QUE TU T'EN SOUVIENS ?

LE MOT DE LA FIN

Chaque pas que je fais, chaque rêve réalisé est une réconciliation avec mon enfant intérieur, avec le petit Florian Garcia.

À l'heure où je vous écris ces derniers mots, c'est vers lui que je me tourne. J'ai le cœur battant, le corps vibrant et les larmes qui coulent. Les bras levés au ciel, la tête baissée, les pieds nus, je déambule dans ce lieu qui m'a tant donné, et crie ma victoire en silence.

Car ça y est, je réalise enfin, ce livre est achevé. Dans quelques jours, il sera imprimé et prêt à vous rejoindre. Une immense vague d'émotions me submerge et vient me rappeler tout le chemin parcouru. Et que cette vague vient de loin. Elle vient balayer chaque instant passé, chaque minute de doute, et toutes ces heures où je suis resté tétanisé, seul face à moi-même. Alors, tout naturellement, c'est cet enfant intérieur que je regarde et à qui je dis merci et bravo.

Bravo d'avoir osé une fois de plus sortir des cases, d'avoir pris des risques et d'y avoir cru. Le plus dur pour ce défi n'était pas tant les mots, c'était le fait d'assumer et de faire face aux jugements intérieurs. Se mettre face à la feuille blanche et écrire ce que j'avais à écrire.

Moi qui n'avais lu que très peu de livres je me suis très longtemps jugé à l'idée d'en écrire un, je ne me sentais pas légitime. Plus tard « le maître des Rêves » m'a dit qu'il n'existait aucune légitimité à part celle du cœur, aucun prérequis pour être ce que l'on doit être.

Quand je suis revenu avec mon premier album solo *Rêveur Foreveur*, je savais au fond de moi que je ne partageais là qu'une partie de ce projet. Je voulais depuis longtemps écrire ce livre mais j'ai eu peur et me suis caché derrière ce que je savais faire. Je suis allé là où les gens m'attendaient, et j'ai été déçu. Déçu de moi-même, déçu que les gens ne soient pas au rendez-vous comme je l'espérais.

J'avoue avoir ressenti de la frustration avec ce retour à moitié assumé. Je n'étais qu'à moitié moi, pas tout à fait aligné. La peur m'avait dévié de l'essence même de ce que je voulais faire et être. Mais tout est parfait ! Après avoir vécu cette déception, je me suis retrouvé réellement seul et je n'avais plus aucune autre option. Il fallait que j'arrête de *dire* que j'avais une idée de livre et que *j'écrive* ce livre.

La vie peut être très amusante quand on s'aligne sur soi. Comme un signe du destin, du jour au lendemain, l'univers m'avait entendu et j'étais contacté par les Éditions Jouvence.

Aujourd'hui je vous écris ces lignes et j'ai réussi. Je suis heureux, en phase avec moi-même. Je savoure le véritable succès ! C'était ça que je cherchais au fond de moi. Ces larmes qui coulent en sont la confirmation et le plus beau cadeau.

Ce livre était une façon de vous dire qui je suis, et qu'on puisse parler la même langue.

Et malgré ça, je sais qu'il me faudra revenir régulièrement vous donner des nouvelles, me réactualiser. Demain je serai probablement sur un nouveau chemin, vers une nouvelle quête qui m'amènera vers un ailleurs que je ne connais pas encore. Mais je sais au fond de moi qu'on s'y retrouvera.

Car oui, secrètement je rêve encore de vous voir, de vous sentir, de retrouver la scène, la foule, vivre cette folie depuis ce que je suis aujourd'hui. Et je sais toute la magie qu'il est possible de créer ensemble.

Au prochain rêve, qui sait ? Sur l'archipel des Rêveurs, dans le monde de demain ?

FLO DELAVEGA

REMERCIEMENTS

Merci la vie ! Merci à mon enfant intérieur, à cette voix qui m'appelle sans cesse à repousser mes barrières. Merci à moi-même. On l'a fait !

Merci à Charlène Guinoiseau, mon éditrice passionnée. Merci pour toute ton aide et ton accompagnement durant le processus du livre. Merci pour ta confiance et ton énergie.

Merci à Laura Coster d'avoir écouté cet appel en toi et de m'avoir permis de réaliser ce rêve et de rencontrer toute l'équipe des Éditions Jouvence. Merci à vous toutes et tous.

Merci à ma famille, à mon fils, à sa maman. Je vous aime.

Merci à Thierry Decara et Benoit Rossi.

Merci à mes amis qui m'accompagnent dans ce processus de transformation. Votre présence est précieuse.

Merci à Dominique Espaze. Merci à Izabel Teil.

Merci à toutes les rêveuses et à tous les rêveurs de ce monde.

Découvrez la nouvelle chanson que Flo Delavega vous offre, ainsi que du contenu exclusif régulièrement mis à jour en flashant ici :

ou à l'adresse suivante :

www.flodelavega.com/surlechemindesreves

Dépôt légal : octobre 2022
Achevé d'imprimer en septembre 2022
Imprimé en Croatie